Uta Regine Schmelter

Erfolgsräume öffnen – durch Wandel zur Erfüllung

Uta Regine Schmelter

Erfolgsräume öffnen – durch Wandel zur Erfüllung

Eine praktische Anleitung zum eigenen DA-SEIN

Trainerverlag

Imprint

Cover image: www.ingimage.com

Publisher:
Der Trainerverlag
is a trademark of
International Book Market Service Ltd., member of OmniScriptum Publishing Group
17 Meldrum Street, Beau Bassin 71504, Mauritius
Printed at: see last page
ISBN: 978-620-0-76913-8

Erfolgsräume öffnen - durch Wandel zur Erfüllung

Eine praktische Anleitung zum eigenen DA-SEIN

von Uta Regine Schmelter

Erfolg ist, wenn deine Seele dein Leben berührt[1]
Paramahansa Yogananda

Danksagung

Mein Dank gilt dem Leben, das mir immer wieder einen Weg zeigt außerhalb von dem, was ich für möglich hielt. Und dafür, dass es eine große Kraft enthält, die uns alle verbindet.

Mein Dank gilt allen Lebewesen, die mir in meinem Leben begegnet sind und begegnen werden. Sie sind meine in jedem Augenblick reiche Quelle des Spiegelns dessen, was ICH BIN.

Ich bin dankbar für mein DA-SEIN.

Ich bin dankbar für Ihr DA-SEIN, liebe Leserin, lieber Leser und ich freue mich, dass Sie diese spannende Reise in Ihr eigenes Inneres gemeinsam mit mir beginnen möchten.

Nur aus Gründen der Lesbarkeit habe ich im Weiteren darauf verzichtet, männlichen Formulierungen durchgehend eine weibliche hinzuzufügen.

---

[1] Erschienen 2018 als Paperback im Verlag Via Nova, ISBN 978-3-86616-451-2

Kapitel 1 - Wandel öffnet den Raum für Erfolg

Und jedem Anfang wohnt ein Zauber inne,
Der uns beschützt und der uns hilft, zu leben.
Hermann Hesse (Stufen)

In dem wir bislang Unbewusstem Raum in unserem Bewusstsein einräumen, öffnen wir unser Leben für neue Möglichkeiten. Wir beginnen uns zu wandeln.

Wir erschließen uns so selbst den Raum, um über Dinge, die uns bisher schlicht passiert zu sein scheinen - denen wir uns vielleicht sogar ausgeliefert fühlen - künftig ganz bewusst selbst zu entscheiden und diese auch (mit) zu gestalten.

So können wir selbst uns die Erfolge erschaffen, die wir uns in unserem tiefsten Inneren wirklich wünschen. Wie dies geschehen kann? Nun, wenn Sie mögen, beginnen wir behutsam mit einem ersten kleinen Schritt unserer gemeinsamen Reise.

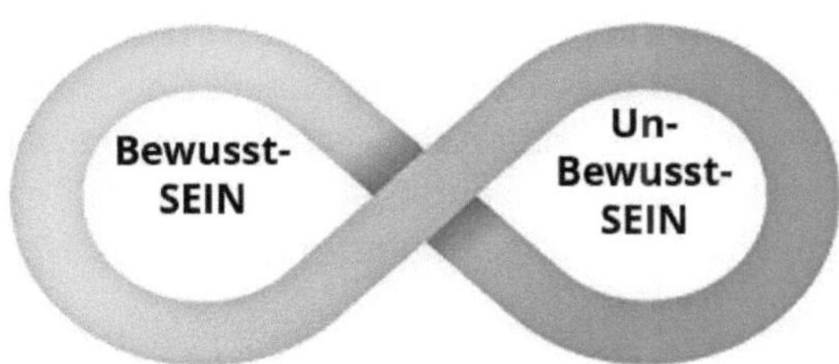

Es ist wichtig, dass wir uns bewusstwerden, dass ein Großteil unseres Verhaltens tatsächlich nicht - wie wir oft glauben – „mit Absicht“ , also bewusst, geschieht, sondern von unserem Unbewussten gesteuert wird.

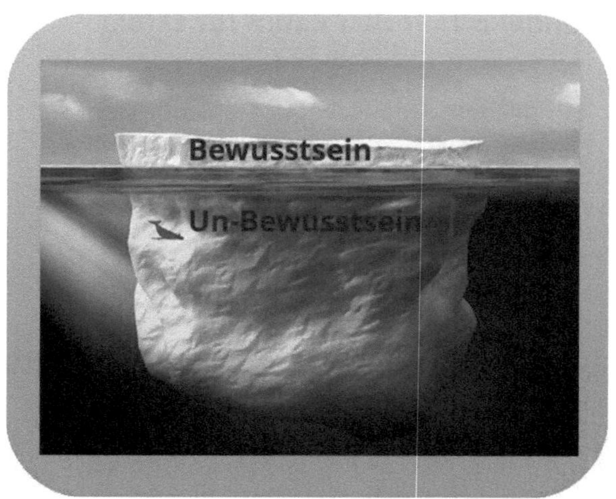

Wenn wir also mit anderen Menschen, z.B. in der Familie oder am Arbeitsplatz in Konflikt geraten, mag dies oft daran liegen, dass sowohl wir selbst, wie auch die anderen schlicht nicht recht bei der Sache waren. Wir waren also nicht wirklich „da", sondern eher „untergetaucht".

Eigentlich geraten hier also nicht wir selbst, sondern eher bereits vorhandene, quasi automatisierte Verhaltensweisen, Muster und Meinungen aneinander und erschweren uns so einen guten Umgang miteinander.

Erfolg bedeutet für uns dann oft, als Sieger vom Platz zu gehen, in dem wir glauben, unser Recht durchgesetzt zu haben. Doch haben wir damit wirklich unsere eigentlichen Interessen vertreten und gewahrt? Gab es überhaupt ausreichenden Raum und Chancen zur Wahrung und Vereinbarung gegenseitiger und gemeinsamer Interessen?

Wie fühlen wir uns mit und nach dieser Situation? Sind wir wirklich zufrieden? Vielleicht nur für den Augenblick? Oder tut uns vielleicht sogar leid, was geschehen ist? Und wie fühlen wir uns, wenn wir einander das nächste Mal wieder begegnen?

Oft wissen wir nicht, wie wir das Geschehene wieder ungeschehen machen können. Wir fühlen uns schuldig oder hegen vielleicht auch Groll gegen die Anderen.

Dadurch entfernen wir uns voneinander, anstelle uns - zumindest in der Sache - näherzukommen.

In dem wir solche Grundsätzlichkeiten des menschlichen Verhaltens erkennen können, öffnet sich uns der Weg, in einer für alle Seiten fruchtbaren Weise (wieder) aufeinander zugehen zu können. Hiermit erfüllen wir dann uns selbst und auch unseren Konfliktpartnern ein Grundbedürfnis nach Nähe und Bezogenheit, das wir Menschen als soziale Wesen alle haben. Auch wenn uns dies oft ebenfalls nicht bewusst ist.

Wie erreichen wir das?

Mein Vorschlag ist, dass Sie als ersten Schritt Ihr eigenes Verhalten im Alltag, vielleicht gerade in Konfliktsituationen, so gut es Ihnen gerade möglich ist, selbst beobachten. Vielleicht möchten Sie sich in Konfliktsituationen auch lieber ganz auf den Konflikt konzentrieren. Auch das ist in Ordnung. Wählen Sie Ihr „Beobachtungsfeld" einfach so aus, wie es für Sie persönlich gerade gut und richtig ist, wenn Sie die nachstehende Übung anwenden.

Wenden Sie diese Übung so oft und solange an, bis Sie das Gefühl haben, ausreichend Eindrücke von Ihren „unbewussten Momenten" gesammelt zu haben. Es kommt nicht darauf an, besonders schnell zu sein oder tief zu gehen, beobachten Sie einfach so, wie es sich für Sie richtig anfühlt.

Sie können die Übung - wie alle anderen und auch die gesamte „Reise" in diesem Buch – natürlich auch zu späteren Zeit- und Bezugspunkten nochmals und so oft Sie möchten wiederholen.

TIPP: Seien Sie bei der Übung besonders liebevoll mit sich, werten Sie sich nicht ab, es geht nur um das Beobachten! Diese Reise soll Ihnen Freude, nicht Frustration, bereiten.

Nun jedoch: viel Freude bei Ihrem Start auf dem Weg zu mehr Erfüllung in Ihrem Leben! Und wenn Sie soweit sind, treffen wir uns nach der Übung wieder.

Übung 1: Eigenes Handeln und Verhalten beobachten

Durch diese einführende Übung machen Sie den ersten Schritt um den bisher nur abstrakten Blick auf das Verhältnis von Bewusstsein und Un-Bewusstsein sozusagen „am eigenen Leib" zu erfahren.

Hierbei kommt es nicht darauf an, ein bestimmtes Verhältnis von bewusstem zu unbewusstem Verhalten an sich selbst festzustellen. Ziel ist es vielmehr bewusst zu erfahren, dass es diesen Unterschied für uns alle gibt und dass dies Auswirkungen auf unser tägliches (Er-)Leben hat. Auswirkungen, die wir zum Teil gar nicht möchten und denen wir begegnen können, wenn wir nur wissen wie.

Beginnen Sie hiermit besser nicht, wenn Sie gerade unter starkem Stress stehen, denn dann wird Ihnen die Selbstbeobachtung kaum gelingen. Sie würden sich sonst nur selbst frustrieren.

Nutzen Sie zum Einstieg am besten Situationen im Alltag, die sich regelmäßig wiederholen und denen Sie nicht Ihre volle Aufmerksamkeit schenken müssen. Zum Beispiel:

- ∞ In der U-Bahn auf dem Weg zur Arbeit (bitte nicht im Auto, hier benötigen Sie Ihre volle Aufmerksamkeit ja für den Straßenverkehr).
- ∞ Bei wiederkehrenden Gesprächssituationen im Beruf, in der Familie, mit Freunden oder auch Fremden.
- ∞ Beim Spaziergang mit dem Hund.
- ∞ Bei leichten Tätigkeiten im Haushalt (bitte nur bei solchen ohne Verletzungsmöglichkeiten).
- ∞ Bei täglichen Routinen wie Morgentoilette oder der Abendgestaltung daheim.
- ∞ In Konfliktsituationen, wenn Sie mögen.
- ∞ Oder...oder...oder...seien Sie neugierig auf sich selbst wo immer Sie mögen!

Schauen Sie sich bei all diesen Dingen einfach selbst zu. Wie Ihnen z.B. ein Kind zuschauen würde, das in diesen Situationen etwas von Ihnen lernen möchte.

Und stellen Sie sich hierbei auch nachstehende Fragen:

- Welche Wege nehmen Sie?
- Welche Bewegungen führen Sie aus?
- Tun Sie das, was Sie tun, weil und wie Sie es wirklich möchten oder „weil es schon immer so war"?
- Fühlen Sie sich gut, bei dem, was Sie tun?
- Wie reagieren Sie auf andere Menschen oder plötzlich Ihre Aufmerksamkeit fordernde Ereignisse, z.B. einen bellenden Hund, einen herunterfallenden Gegenstand?
- Fühlen Sie sich wohl mit Ihrer eigenen Reaktion, können Sie in der Ruhe bleiben?
- Und: wann ist Ihnen Ihr Handeln oder Ihre Reaktion schlicht „geschehen" bzw. wann haben Sie Ihr Handeln und Ihre Reaktionen wirklich ganz bewusst gewählt?

Machen Sie sich hierzu ruhig Notizen, vielleicht abends vor dem Zubettgehen, wenn Sie den Tag noch einmal kurz unter diesen Aspekten Revue passieren lassen.

Eine Woche dürfte ausreichend sein, um die Unterscheidung von bewusstem und unbewusstem Handeln und Verhalten bei sich selbst erfassen zu können. Wenn sich dies für Sie anders darstellt, dann üben Sie ruhig noch eine Weile weiter, bis es für Sie stimmig ist.

Nun, haben Sie Einiges gut an sich beobachten können? Waren vielleicht auch Dinge oder Verhaltensweisen dabei, die Sie an sich selbst nicht so recht mögen? Wo Sie den Eindruck haben, dass diese Ihnen eher schaden als nützen?

Seien Sie sich selbst gegenüber ruhig ehrlich. Sie brauchen ja nicht einmal mir erzählen, worum es dabei geht...

Sehr gut! Dann ist es an der Zeit, den nächsten Schritt unserer gemeinsamen Reise zu tun.

Kapitel 2 - Nimm DEINEN Raum ein

Glück, nicht an einem anderen Ort,
sondern an diesem Ort....
nicht in einer anderen Stunde,
sondern in dieser Stunde.
Walt Whitman

Damit wir unseren eigenen Lebensraum, der uns Menschen allen gleichermaßen zusteht, auch gut und in Zufriedenheit einnehmen können, gilt es, erst einmal dem, was uns hierbei im Wege steht den Raum zu entziehen.

Damit ist natürlich nicht gemeint, anderen Menschen ihren Lebensraum streitig zu machen. Davon möchte ich mit dieser Reise ja weg- und zu fruchtbarer Begegnung hinführen.

Denn ändern können wir immer nur uns selbst, nicht jedoch andere Menschen.

Raum als solcher ist auch mehr als genug vorhanden, hierüber zu streiten macht somit wenig Sinn.

Auch wenn dies in ‚der Welt da draußen' leider viel zu oft der Fall ist. Doch gerade dies ist mir Antrieb und Motivation, Menschen auf ihren eigenen Wegen zu mehr Miteinander zu begleiten.

Ich wünsche uns allen von Herzen, dass wir alle zu guten gemeinsamen Wegen finden.

Sodass die Erde für uns alle, die wir auf ihr leben dürfen und auch für unsere Nachkommen ein immer besserer und gerechterer Ort werden kann. Mir ist nur allzu bewusst, dass dies natürlich nur gelingen kann, wenn immer mehr Menschen dies ebenso sehen und bereit sind, sich mit ihrem jeweiligen Beitrag ebenfalls auf den Weg machen.

Dies können wir als Einzelne natürlich nur, wenn wir wissen und auch fühlen, ja geradezu ein Gespür dafür entwickelt haben, wie dies für uns selbst machbar werden kann.

Bis heute ist dies noch in keinem Lehrplan enthalten (gewesen), doch wir alle können uns auf unseren Wegen gegenseitig unterstützen, wenn wir uns erst einmal entschieden haben, dies auch zu wollen. Wenn wir das „Streiten" aufgeben und unsere Energien auf das richten, was uns wirklich, tief in unserem Inneren, für unser Leben wirklich, wirklich wichtig ist.

Die Frage um die es hier nun also geht, ist, wie und womit füllen WIR UNSEREN Raum eigentlich aus? Und was ist eigentlich UNSER Raum?

Auf diesem Teil der Reise tauchen wir nun schon etwas tiefer in uns selbst ein, denn wir beginnen in unserem inneren Raum.

Damit ist zunächst einmal nicht unser Körper gemeint, der für uns alle sichtbar im uns gemeinhin bekannten Raum ist und der ebenso für uns wahrnehmbar auch über innere Räume verfügt. Hier bemerken wir recht schnell von selbst, wenn diese Räume „zu voll" sind. Es ist uns zum Beispiel unangenehm, wenn wir im Berufsverkehr die U-Bahn mit zu vielen Menschen teilen müssen. Und wenn wir Schnupfen haben, dann haben wir die Nase sprichwörtlich voll.

Das, was ich hier mit Ihnen betrachten möchte, ist unser geistiger Raum. Dieser wird durch unseren Verstand, durch unsere Gedanken belebt und oft eben leider auch blockiert. Und den wir, gerade im Alltag, eigentlich nur sehr selten bewusst wahrnehmen.

Wie können wir uns diesen nun erschließen?

Dies ist gar nicht so schwer, wie es im ersten Moment erscheinen mag. Gewiss braucht es etwas Übung, doch ich habe bisher noch nicht erlebt, dass hieran jemand gescheitert ist.

Schließlich haben Sie ja schon geübt, Ihr eigenes Verhalten zu beobachten und haben sich dazu auch schon Gedanken gemacht. Mit diesem Schritt gehen wir nun dazu über, die Gedanken selbst zu beobachten. Wir schauen also uns selbst beim Denken zu, d.h. wir beginnen uns im Inneren zu beobachten.

TIPP: Seien Sie auch dabei liebevoll mit sich, werten Sie sich und Ihre Gedanken nicht ab, es geht auch hier nur um das Beobachten, lassen Sie die Gedanken einfach da-sein und nehmen Sie sie zur Kenntnis!

Viel Freude nun auch bei Ihrem zweiten Schritt unserer gemeinsamen Reise. Dieser enthält zwei mögliche Teilschritte, doch sehen und wählen Sie selbst!

Machen Sie wieder so viel Wiederholungen und lassen Sie sich so viel Zeit, bis Sie ein stimmiges Gefühl in Bezug auf die Aufgabenstellung haben.

Übung 2.1: Beobachten der eigenen Gedanken

Suchen Sie sich hierzu einen angenehmen Ort, an dem Sie einige Zeit ungestört allein verbringen können. Setzen Sie sich möglichst bequem, jedoch aufrecht hin und kommen erst einmal an.

Hierzu kann es hilfreich sein, ein paar Mal tief ein- und auszuatmen und etwas zur Ruhe zu kommen. Wenn Sie mögen, schließen Sie dabei ruhig Ihre Augen. So können Sie auch keine äußeren visuellen Reize ablenken.

Gehen Sie nun mit Ihrer Aufmerksamkeit zunächst von unten herauf durch Ihren ganzen Körper. Sie nehmen als erstes Ihre Füße wahr, die guten Kontakt zum Boden haben. Dann wandern Sie hinauf, werden Ihrer Fesseln und Ihrer Unterschenkel, also Schienbeinen und Waden, gewahr. Über die Knie geht es nun weiter zu den Oberschenkeln, der Hüfte, dem Becken, der Taille und dem Brustkorb. Den Schultern, dem Nacken und der Kehle, dem Gesicht und Hinterkopf bis hin zur Kopfkrone, d.h. dorthin wo sich bei Babys die sogenannte Fontanelle befindet.

Verweilen Sie hier einen Augenblick mit Ihrer Aufmerksamkeit. Nehmen Sie noch einmal ein paar tiefe Atemzüge.

Und gehen nun langsam mit Ihrer Aufmerksamkeit zu Ihrer Stirn oder Ihrem Hinterkopf, was immer Ihnen lieber ist. Vielleicht können Sie auch ein leises Pulsieren in den Schläfen spüren. Auch das ist in Ordnung.

Und mit ein paar weiteren tiefen Atemzügen richten Sie nun Ihre Aufmerksamkeit auf Ihre Gedanken:

- Welche Gedanken können Sie wahrnehmen?
- Fließen diese einfach durch Ihren Geist hindurch?
- Oder gibt es vielleicht Gedankenschleifen, die sich wiederholen?
- Kommen Ihnen manche Gedanken vertraut oder eher unbekannt vor?
- Wie fühlt sich diese Situation des Gedanken-Beobachtens für Sie an? Ungewohnt? Vielleicht sogar etwas beunruhigend?
- Kehren Sie immer wieder zum tiefen Ein- und Ausatmen zurück und beobachten Sie Ihre Gedanken weiter, bis sich etwas zu verändern beginnt.
- Wenn Sie möchten, machen Sie sich zum Schluss ein paar Notizen, auf die Sie später zurückgreifen können, um Ihre Fortschritte feststellen zu können.

Wie ist es Ihnen ergangen? Waren Sie vielleicht erstaunt darüber, wieviel Raum Ihre Gedanken in Anspruch nehmen?

Moment mal, sagen Sie vielleicht, wieso „Raum", waren halt immer da, die Gedanken. Irgendwie flitzten sie immer so durch meinen Kopf und waren gar nicht zu stoppen.

Ja, genau! Doch sausten die Gedanken ja nicht körperlich durch Ihren Kopf, das würde mich zumindest sehr wundern. Sie konnten sie nicht sehen, nicht fühlen, nicht riechen oder schmecken, nicht ertasten und auch nicht hören und trotzdem wussten Sie ganz genau, dass die Gedanken da waren. Sie haben sie ja schließlich die ganze Zeit beobachtet, nicht wahr? Wo waren sie also eigentlich nochmal?

Nun, in dem Raum, in dem wir Menschen den größten Teil unserer Existenz verbringen und ihn dabei zumeist noch nicht einmal bemerken.

Herzlichen Glückwunsch, Sie haben soeben eine im Allgemeinen wenig beachtete Dimension betreten! Nämlich den inneren geistigen Raum, Ihren eigenen.

Und Sie haben diesen Raum nicht nur einfach erdacht, also nur abstrakt wahrgenommen. Sie haben ihn durch Ihr Beobachten ERFAHREN. Und damit haben Sie sich eine für sie vermutlich vollkommen neue Raumdimension erschlossen.

Und haben Sie bemerkt, wie angefüllt dieser Raum ist, mit all Ihren Gedanken? Vielleicht waren ja auch Gedanken dabei, die Sie lieber gar nicht hätten, die Ihnen unangenehm oder unbequem waren oder die Sie beunruhigten.

Da regt sich dann in Ihnen vielleicht auch schon der Wunsch, dass diese Gedanken doch eigentlich ganz gut Platz für Angenehmeres machen könnten, nicht wahr? Ein Wunsch nach „auf-räumen".

Für den Fall, dass Sie jetzt enttäuscht sind, da dies Alles für Sie schon bekannt ist, folgt noch ein zweiter Übungsteil, sozusagen für Fortgeschrittene.

Haben Sie sich allerdings gerade zum ersten Mal ihren eigenen geistigen Raum erschlossen, überspringen Sie die nun folgende Übung ruhig ganz ohne schlechtes Gewissen. Absolvieren Sie diese zum Beispiel einfach, wenn Sie Ihre Reise noch einmal wiederholen. Oder wann immer es sich für Sie gut anfühlt oder Sie einfach neugierig darauf sind.

An dieser Stelle kommt es zunächst erst einmal darauf an, dass Sie hier, so wie es für Sie gerade stimmig ist, eine neue Erfahrung in Bezug auf Ihren eigenen inneren geistigen Raum machen können.

Übung 2.2: Gedankenlücken wahrnehmen

Suchen Sie sich auch für diesen Übungsteil einen angenehmen Ort, an dem Sie einige Zeit ungestört allein verbringen können. Setzen Sie sich möglichst bequem, jedoch aufrecht hin und kommen Sie an.

Bei entsprechendem Wetter können Sie diese Übung auch in der freien Natur machen, vielleicht auf einer Bank, einer Wiese, an einem See – nur nicht gerade dort, wo die Anwesenheit anderer Menschen Sie ablenken wird.

Bei dieser Übung können Sie erleben, dass es nicht nur einen Raum gibt, in dem Sie die Gedanken beobachten können, sondern dass Sie mit einiger Übung auch Raum zwischen den Gedanken wahrnehmen können.

Je länger bzw. öfter Sie sich darin üben Ihren Gedanken zuzuschauen, umso leichter wird es Ihnen fallen, auch hin und wieder eine Unterbrechung im Gedankenstrom wahrzunehmen. Zuerst werden es wahrscheinlich nur wenige und kurze Lücken des „Nichtdenkens“ sein.

Unterstützen Sie auch diesen Prozess mit regelmäßigem und tiefem Ein- und Ausatmen und nutzen Sie ruhig auch die kleine Körperreise aus dem ersten Übungsteil.

Wenn Sie sich in der Natur befinden kann es auch hilfreich sein, wenn Sie Ihren Blick einfach einmal schweifen lassen, ganz absichtslos.

Vielleicht in die Wolken...

...vielleicht über die Wiese...

...in die Baumwipfel...

...den Vögeln nachblickend...

...und kehren dann einfach wieder zum ruhigen Beobachten Ihrer Gedanken zurück.

Wie ist es Ihnen mit diesem Übungsteil ergangen? Konnten Sie die ein oder andere Lücke zwischen Ihren Gedanken erhaschen? Es braucht auch hier durchaus etwas Übung. Zu der Beobachtung der Gedanken tritt nämlich nun auch noch das Loslassen hinzu und damit tun wir uns alle nicht ganz leicht. Mehr zu diesem Thema in Kapitel 11.

Doch nur Mut, lassen Sie sich Zeit und unterstützen diesen Prozess des zur Ruhekommens auch ruhig durch andere Meditationspraktiken, die Sie schon kennen. Irgendwann werden Sie erkennen können, dass auch zwischen Ihren Gedanken Lücken wahrnehmbar werden. Aha, da ist also auch Raum! Bleiben Sie aufmerksam und neugierig.

Und genießen Sie jede aufkommende Ruhe!

Exkurs, wie es von hieraus noch weitergehen kann:

Wiederholen Sie diese Übung öfter und auch über längere Zeit wieder und wieder, werden Sie schließlich feststellen können, dass die Lücken zwischen Ihren Gedanken immer größer werden.

Und so kann Sie diese Übung auch über den Rahmen der hier in diesem Buch zunächst beschriebenen Reise hinausführen.

Ich habe diesen Exkurs aufgenommen, weil ich Ihnen Mut machen möchte, Ihren Weg immer weiterzugehen. Es ist ein wie ich finde sehr schönes Beispiel dafür, dass unser Weg eigentlich nie zu Ende ist und immer wieder Überraschungen bereithält.

Denn wenn wir uns darauf einlassen können „dranzubleiben", werden wir uns auch und gerade durch Wiederholung schon bekannter Übungen immer wieder neue Räume erschließen können. Diese erfahren wir dann sowohl auf tieferen und als auch auf höheren oder einfach auch nur anderen Ebenen.
Der gesamte Prozess führt uns so schrittweise immer mehr in die Freiheit, unser Leben so zu gestalten, wie wir es uns in unserem tiefsten Inneren wünschen.

Und damit zu dem in meinen Augen größten Erfolg, den wir erfahren können.

Also, was können Sie nun durch beharrliches Wiederholen dieser Übung erleben?

Mit der Zeit, wenn die Lücken zwischen Ihren Gedanken immer größer werden, werden Sie in der Lage sein, die darin und auch dahinterliegende Stille zu erkennen.

Damit kann sich unter Umständen ein GEFÜHL der Leere einstellen, auch ein GEFÜHL von Verunsicherung, vielleicht sogar Angst. Oder Erleichterung, weil es gerade so schön still ist – endlich mal Ruhe! Und Sie werden diese Gefühle bewusst wahrnehmen können, denn die Gedanken ruhen ja immer wieder und halten Sie nicht davon ab.

Sie würden also mithilfe der Beobachtung Ihres inneren geistigen Raumes auch Ihren inneren emotionalen Raum betreten können. Sie würden an dieser Stelle also ERFAHREN, dass Ihre Gedanken und auch die Abwesenheit Ihrer Gedanken Auslöser von Gefühlen sind. Spannend, oder?

Doch nun zurück zu unserer gemeinsamen Reise, die uns nun weiter in unseren äußeren Raum führt.

Kapitel 3 - Dehne dich aus

Die Freiheit des Einzelnen endet dort,
wo die Freiheit des Anderen beginnt.
Immanuel Kant

In den Momenten, in den wir uns unwohl fühlen, uns erschrecken oder einfach „nicht so ganz da sind“, neigen wir oft dazu uns auch körperlich „zurückzuziehen“. Wir verringern also den Raum, den wir im Äußeren einnehmen.

Denn wir empfinden Druck von außen, vielleicht erscheint uns Alles zu laut, zu eng, zu schnell, andere „überfahren“ uns mit Worten, Lautstärke oder auch Handlungen. Wir fühlen uns überwältigt.

Denken Sie nur an die Worte „wortgewaltig“ oder „Ratschlag“. Gerade sensible Personen reagieren schon hierauf oft unbewusst mit einem auch körperlichen Rückzug, sie ziehen sich quasi zusammen. Und geben damit den Raum für die ohnehin schon so sehr präsenten Charaktere frei.

Plumps, sind die Schultern unten, der Blick richtet sich nach unten, vielleicht sinken sie sogar in der gesamten Wirbelsäule ein. Und so können die „Wortgewaltigen“ noch besser über sie hinwegsehen.

Wenn Ihnen so etwas auch hin und wieder passiert, machen Sie sich bitte bewusst, dass Sie hierdurch notwendigen „Lebensraum“ hergeben. Lebensraum, den auch Sie benötigen, um Ihren eigenen Wünschen, Bedürfnissen und natürlich auch Talenten Ausdruck geben zu können.

Wer bescheiden zu Boden schaut, kann anderen Menschen nicht auf Augenhöhe begegnen.

Also: nehmen Sie Ihren Raum in Anspruch, richten Sie sich auf!

Wir wissen heute, dass nicht nur die Stimmung die Körperhaltung bestimmt, sondern auch umgekehrt. Die Körperhaltung zeigt und bestimmt auch Ihre Stimmungslage! D.h., selbst wenn Sie sich gerade noch gut gefühlt haben, nun aber ehrerbietig den Kopf senken, weil z.B. der Chef den Raum betritt, so wird automatisch auch Ihr Energielevel und damit Ihre Stimmungslage absinken.

Beobachten Sie dies einmal in Ihrem Alltag. Und wann immer Sie so etwas beobachten können: Kopf hoch! An diesem gut gemeinten Rat unserer Eltern und Großeltern ist also tatsächlich etwas dran, was inzwischen auch die Wissenschaft bestätigen konnte.

Nutzen Sie es für sich und Sie werden feststellen, dass andere Menschen Ihnen auch anders, nämlich respektvoller begegnen werden.

Warum? Weil wir diese durch die Körperhaltung repräsentierten Stimmungslagen unbewusst wahrnehmen und auch unbewusst auf sie reagieren. Bis wir uns diesen Zusammenhang bewusstgemacht haben. Dann können wir beginnen, diesen im Alltag auch ganz bewusst einzusetzen. Um uns nicht länger unseren eigenen Raum durch andere Menschen nehmen zu lassen.

Spielen Sie ruhig ein wenig damit – und vor Allem: genießen Sie dieses Spiel!

Die Verfahren der Beeinflussung nicht nur der Stimmungslage durch den Körper, seine Haltung und Bewegung, haben inzwischen auch einen Namen, nämlich „Body2Brain", zu Deutsch Körper ans Gehirn".

Denn die lange vertretene wissenschaftliche These, dass stets allein das Gehirn die Führung in unserem Gesamtsystem innehat, hat sich als falsch herausgestellt.

So wie beispielsweise Generationen von Kindern ihren ungeliebten Spinat herunterwürgen mussten. Der angeblich sehr viel Eisen enthielt, gut für die Nachkriegsgenerationen. Tja, leider stimmte dies gar nicht. Es hatte sich schlicht nur ein Wissenschaftler um eine Kommastelle verrechnet...

Also: nehmen Sie ruhig nicht Alles was als „wissenschaftlich bewiesen" daherkommt gleich für bare Münze. Es könnte nämlich ein anderes Verfahren, vielleicht auch erst in Zukunft, geben, das zu einem ganz anderen Ergebnis kommt.

Und dafür über lange Zeit etwas tun, was einem selbst vielleicht gar nicht guttut?

Setzen Sie also ruhig hier schon eine erste bewusste Grenze für sich selbst und beginnen Sie, Ihre Aufmerksamkeit auf Ihr Gespür für sich selbst zu richten.

Denn dies kann häufig sehr nützlich sein.

Zum Beispiel im Umgang mit Ihrem Hausarzt. Er weiß vielleicht im Augenblick eines Gesprächs mit Ihnen eine bestimmte Sache von Ihnen gar nicht. Nun will er Ihnen ein bestimmtes Medikament verordnen. Und Sie beschleicht ein „komisches Gefühl". Sie wissen erst gar nicht warum. Doch dann, vielleicht auch erst wieder im Büro oder zu Hause angekommen fällt es Ihnen plötzlich ein: „Stimmt, das war doch dieses Medikament, wo meine Mutter immer so starke Nebenwirkungen hatte." Dann macht es ja durchaus Sinn, dies noch einmal abzuklären, denn warum sollten Sie sich diesen für Sie selbst vielleicht noch viel unangenehmeren Nebenwirkungen aussetzen?

Vielleicht fühlen Sie sich ja auch sowieso immer etwas unbehaglich, wenn Ihr Chef den Raum betritt und senken deswegen den Kopf? O.K., gerade dann, richten Sie den Kopf beim nächsten Mal doch einfach wieder auf. Sie müssen ihn ja nicht anschauen, Sie können dabei ja auch ein Gesicht machen, als ob Sie angestrengt nachdenken und in eine andere Richtung blicken.

Nun spüren Sie nach, hat sich etwas verändert?

Indem Sie eine aufrechte Körperhaltung einnehmen signalisieren Sie anderen Menschen „ich bin hier, dies ist mein Raum". Vielfach setzen Sie so schon allein durch Ihre aufrechte Körperhaltung Grenzen, die andere Menschen - zumindest etwas – auf Distanz halten.

Falls es für Sie mit dem Spüren an dieser Stelle noch nicht so gut klappen sollte, Alles gut. In Kapitel 5 werden wir uns noch eingehend damit beschäftigen, wie Sie wieder in einen guten Kontakt mit Ihrem Gespür für sich selbst kommen. In diesem Kapitel geht es erst einmal darum, Ihre Wahrnehmung für Grenzen und den durch sie entstehenden Raum zu schulen.

Vielleicht gehören Sie zu den Menschen, die sich im Alltag häufig an Gegenständen, z.B. Tischen, Türrahmen und Ähnlichem stoßen. Hier kommen wir dem Raum auf einer noch tieferen Ebene auf die Spur: unserem Gespür für unsere natürlichen Körpergrenzen. Denn wenn wir dieses Gespür verloren haben - was in unserer so leistungsorientierten und schnelllebigen Gesellschaft sehr weitverbreitet ist - so ecken wir im sprichwörtlichen Sinne immer wieder an.

Und genau deswegen brauchen wir ein gesundes Gespür für Grenzen:

- Grenzen, die einfach vorhanden sind, wie unsere natürlichen Körpergrenzen.
- Grenzen unserer eigenen Intimität, also all das, was nur uns selbst betrifft und was wir mit niemandem anderen teilen.
- Grenzen der Intimität, in denen wir uns nur mit bestimmten, vertrauten Menschen, wie unseren Partnern, bewegen möchten und die wir für andere insofern auch bewusst setzen müssen, sofern diese ein anderes Empfinden haben.
- Grenzen innerhalb derer wir uns mit Freunden bewegen und teilen, was wir mit fremden Menschen nicht teilen.
- Grenzen, die Abläufe im sozialen Miteinander regeln, wie zum Beispiel Verkehrsregeln, Öffnungszeiten, vertragliche Vereinbarungen.
- Kulturelle Grenzen, die es zu beachten gilt, z.B. in anderen Ländern Gebetshäuser nicht mit Schuhen und mit oder ohne Kopfbedeckung zu betreten.
- Und schließlich: Grenzen der Verständigung, die wir manchmal erreichen, wenn wir zwar unser Bestes gegeben haben um zu einer Verständigung zu gelangen, dies jedoch einfach nicht erreichen können.
  Dann kann es wichtig sein, in sich hinein zu spüren, ob es an dieser Stelle wirklich wichtig und richtig ist, weitere Zugeständnisse zu machen. Oder ob wir damit nicht vielleicht etwas von dem für uns selbst wichtigen Lebensraum abgeben.
  Vielleicht sogar zugunsten von jemand anderem, der gar nicht an einer für beide Seiten guten Verständigung interessiert ist, sondern nur seinen eigenen Ansprüchen folgt?

Gewöhnlich empfinden wir Grenzen eher als eine Art Einengung von außen.
Wenn wir uns jedoch bewusstmachen, dass Grenzen eigentlich ein Ort der Angrenzung von Räumen und damit eher ein Ort der Begegnung sind, verschwindet diese negative Verknüpfung oft schnell.

Und wir beginnen, die Möglichkeiten die Grenzen uns bieten wahrzunehmen. Und verlieren vielleicht auch unsere Scheu, selbst Grenzen zu setzen.

Denn wir nehmen nun den Raum wahr, der sich innerhalb dieser Grenzen bietet. Es ist ein durch Grenzen geschützter Raum. Ein Raum, an dessen Grenzen wir, so wie wir sind und mit allem, was uns wichtig ist, anderen Menschen, so wie sie sind und mit allem, was ihnen wichtig ist, begegnen können.

Und erst dann können wir in eine ausgewogene Verständigung treten. Eine Verständigung darüber, ob und wenn ja in welchem Umfang wir auch einen gemeinsamen Raum schaffen wollen. Und wir verlieren uns nicht länger in unnützen Revierrangeleien.

Wenn z.B. ihr Chef in ihren Arbeitsraum platzt und sofortige Aufmerksamkeit fordert, dann übertritt er eine Grenze, und zwar Ihre. Insofern reagieren Sie schon richtig, wenn Sie ihm nicht direkt Ihre Aufmerksamkeit schenken. Allerdings bisher vielleicht in einer Weise, in der Sie sich selbst „klein" machen und auch die entsprechenden Signale aussenden. Dies wissen Sie ja nun und können dies nun ändern.

Also: nehmen Sie Ihren Raum bewusst ein und dehnen Sie sich aus! Und genießen Sie dies!

Anschließen möchte ich noch eine kleine Übung zur bewussteren Wahrnehmung der Körpergrenzen. Wenn Sie diese regelmäßig wiederholen, werden Sie feststellen, dass Sie im Lauf der Zeit immer weniger anecken bzw. „herumgeschubst" werden. Und zwar nicht nur was Möbelstücke betrifft, sondern auf allen Ebenen, also auch im zwischenmenschlichen Bereich! Diese Übertragung geschieht ganz automatisch in Ihrem Gehirn. Spannend, nicht?

TIPP: Haben Sie Geduld mit sich! So, wie wir als Kinder auch nicht in einem einzigen Tag die Bewegung von A nach B auf eigenen Beinen lernen konnten, braucht es auch für die fruchtbare Umsetzung der in diesem Buch vorgeschlagenen Übungen Prozesse und eben: Übung!

Übung 3: Körpergrenzen erspüren

Suchen Sie sich wieder einen angenehmen Ort, an dem Sie einige Zeit ungestört allein verbringen können.

Bei dieser Übung ist es am besten, wenn Sie sie im Stehen und in vollständiger Aufrichtung ausführen. Sollte in dies aus irgendeinem Grund schwerfallen, können Sie sich natürlich auch setzen. Am besten auf einen Hocker und achten Sie auch hier bitte auf eine aufrechte Haltung.

Zu Beginn schwingen Sie bitte ein paar Mal mit ihren gerade und parallel nach vorn ausgestreckten Armen hin und her, in dem sie den Oberkörper drehen. Richten Sie hierbei ihren Blick auf Ihre Hände und folgen sie Ihnen mit Ihrem Blick.

Gut. Nun haben Sie schon ein wenig in den Raum hineingefühlt, der ihren Körper umgibt.

Jetzt beginnen Sie mit einer flachen Hand - welche zuerst können Sie frei wählen - an der gegenüberliegenden Schulter beginnend sanft (!) den wieder nach vorn ausgestreckten Arm auf der Oberseite bis zur Hand abzuklopfen und klopfen auf der Unterseite wieder zurück.

Anschließend wechseln Sie die Hände und führen diesen Übungsteil auf der anderen Körperseite durch.

Nun klopfen Sie mit beiden Händen und an den Schlüsselbeinen beginnend Ihren Brust- und Bauchraum hinunter und an den Flanken wieder hinauf soweit es geht.

Danach ist die Körperrückseite dran: Beginnen Sie, wieder mit beiden Händen vom Gesäß aus beginnend, die Rückseiten Ihrer Beine hinunter und dann über die Füße an der Vorderseite der Beine wieder hinauf. Führen Sie die Übung im Sitzen aus, so klopfen Sie einfach an den Seiten ihrer Beine, an der Hüfte beginnend, hinunter und an der Vorderseite der Beine wieder hinauf.

Wenn Sie diese Übung gleich nach dem Aufstehen in Ihre Morgenroutine einbauen, werden Sie feststellen, dass Sie schon mit einem viel höheren Körperbewusstsein unter der Dusche stehen werden.

Probieren Sie's aus und auch hierbei: diese Übung soll Ihnen Freude bereiten und Sie nicht quälen. Also führen Sie sie am besten so aus, dass Sie Spaß an der Berührung bekommen. Hierzu können Sie natürlich alle möglichen Variationen im Ablauf kreieren, ganz nach Ihrem eigenen Geschmack.

Los geht's!

So, schon wieder haben Sie ein Schritt auf dieser Reise bewältigt. Wie war es für Sie? Konnten Sie auch diese neue Erfahrung etwas genießen?

Wenn es sich für Sie erst einmal sehr fremd anfühlte: auch das ist in Ordnung. Machen Sie sich immer wieder bewusst, das Grenzen an sich notwendig sind. Sinnvoll sind sie jedoch nur dann, wenn wir sie nicht gegen etwas oder jemanden setzen, sondern schlicht für uns selbst.

Dann kann es ja weitergehen, nun wieder mehr ins Körperinnere, zum Atem.

Kapitel 4 – Atem, die Verbindung zu dir selbst und zum Leben

Der Atem ist der lebendige Hauch der Seele,
weil sie ihn trägt und sein Schwingvermögen ist,
und zwar jedes Mal, wenn der Mensch den Atem
in sich einziehen und wieder ausströmen lässt,
um so leben zu können.
Hildegard von Bingen

Im ersten Kapitel haben wir uns mit unseren unterschiedlichen Verhaltensgrundlagen, nämlich dem Bewusst-sein und dem Unbewusstsein beschäftigt. Wir haben erfahren, dass unser Verhalten größtenteils automatisch geschieht, dass wir hierauf jedoch bewusst Einfluss nehmen können.

Im zweiten und dritten Kapitel haben wir uns mit unseren eigenen Räumen beschäftigt. Und zwar erst einmal mit unseren inneren Räumen, insbesondere unseren Gedanken und dann mit unserem durch Grenzen definierten äußeren Lebens-Raum.

Es standen sich also quasi jeweils zwei unterschiedliche „Dinge" gegenüber: bewusst oder unbewusst, innen oder außen.

Beim Atem begegnen wir diesem sogenannten „Prinzip der Dualität" nun sehr offensichtlich und zugleich auch leicht ERFAHRBAR. Dies sogar in mehrfacher Hinsicht.

Gewöhnlich geschieht unser Atmen „automatisch", d.h. wir atmen völlig **unbewusst**, man spricht auch von einem Atemreflex. Und jeder Mensch hat seinen eigenen, ihm zumeist nicht bewussten Atemrhythmus, den er aber durchaus **bewusst** verändern kann.

Wir atmen **ein**, wir atmen **aus**. Der Atem strömt **ein**, unser Bauch und unser Brustraum dehnen sich **aus**. Es gibt also auch hier ein **Innen** und ein **Außen**.

Doch sind dies nun wirklich sich gegenüberstehende Gegensätze?

Wenn wir es etwas genauer betrachten, nehmen wir wahr, dass wir von außen etwas, nämlich unsere möglichst saubere Atemluft samt Sauerstoff (O2) in uns aufnehmen.

Und dann wiederum etwas, nämlich um Ausscheidungsstoffe, im Wesentlichen Kohlendioxid (CO2), angereicherte Atemluft aus unserem Inneren in die Außenwelt abgeben. Dies ist der sogenannte „Gasaustausch".

Nun nehmen wir also eine Verbindung wahr, und zwar unsere Verbindung mit „der Welt da draußen" durch unseren Atem. Wir beziehen uns durch unseren Atem auf die Welt, die uns umgibt und sind somit durch unseren Atem mit der Welt, in der wir leben, verbunden. In einem fließenden Prozess.

Hier gibt es also kein „entweder – oder", sondern ein „sowohl als auch". Was da ausgetauscht wird ist Luft, mal mit mehr oder weniger Sauerstoff und gleichzeitig weniger oder mehr Kohlendioxid. Wir brauchen Sauerstoff, um unsere Organe, insbesondere auch unser Gehirn, zu versorgen, bekommen diesen aus unserer Umwelt und geben dafür Kohlendioxid an die Umwelt zurück, welches dort in anderen Prozessen gebraucht wird.

Ein natürlicher Austausch und eine ganz natürliche Verbindung während unseres gesamten Lebens.

Wie sieht es nun mit der Verbindung zu uns selbst aus?

Stehen wir wirklich jederzeit auch so natürlich mit uns selbst in Verbindung, wie unser Atem uns mit unserer Umwelt verbindet? Fühlen wir uns nicht oftmals sogar atemlos in unserem Alltag, so dass auch diese natürliche Verbindung mit der Umwelt nicht mehr wirklich „fließend" besteht?

Für mich sind weitverbreitete Herz- Kreislauf- und auch Atemwegs-erkrankungen, Allergien und zunehmende Infektanfälligkeiten ein deutliches Zeichen, dass auch im Bereich der Atmung ein ungesundes Ungleichgewicht besteht. Natürlich liegen den genannten Erkrankungen vielfach eine ungesunde und / oder nicht typgerechte Ernährung oder auch Bewegungsmängel etc. zugrunde.

Doch ich beobachte immer wieder, dass sehr viele Menschen zu flach und/oder zu kurz atmen. Der Atem ist oft geradezu hektisch, der Körper befindet sich wie der ganze Mensch in einer hohen Anspannung und kann so gar nicht genug Raum geben, um ein ausreichendes Luftvolumen für einen gesunden Austausch aufnehmen zu können.

Oft wird nur im Brustbereich mit der sogenannten „Atem-Hilfsmuskulatur" geatmet. Was auf Dauer recht anstrengend ist und bestehende Anspannungen noch verstärkt, statt den Atem natürlich fließen zu lassen. Der wichtigste und stärkste Atemmuskel, unser Zwerchfell, bleibt dabei oftmals sogar recht unbeteiligt. Dabei würden wir mit einem natürlich fließenden Atem viel leichter durch unseren Alltag steuern können.

Doch leider ist dieses Thema bis heute noch kein Bestandteil allgemeiner Lehrpläne, wenngleich z.B. nahezu jedem Musiklehrer bewusst ist, das ein seelenvolles Musizieren nur mit natürlichem und vollem Atem möglich ist. Dies gilt im Übrigen nicht nur für Blasinstrumente und Gesang, wie man meinen könnte, sondern für alle Instrumente bis hin zum Klavier.

Warum ist dies so? Nun, recht einfach, falsches, nicht dem natürlichen Rhythmus und Umfang entsprechendes, fließendes Atmen führt dazu, dass auch alle anderen Prozesse unseres Körpers nicht optimal verlaufen können. Es kann daher z.B. müde und antriebslos machen.

Bei Stress und Leistungsdruck steigt neben dem Blutdruck auch die Atemfrequenz, da das Körpersystem nun für eine stärke Belastung bereitgemacht wird. Dies sind sogenannte autonome und unbewusste Prozesse, auf die wir in der Regel auch keinen bewussten Einfluss haben.

Durch falsches, eingeengtes Atmen nutzen wir nur einen geringen Teil unserer Lungenkapazität, manche Experten sprechen von gerade einmal 30%. Dadurch erhält unser Körper zu wenig Sauerstoff und in der Lunge sammelt sich nicht nur verbrauchte Luft an, sondern auch der Kohlendioxidspiegel unseres Blutes steigt. Die möglichen Folgen:

- verminderte Konzentrationsfähigkeit und Müdigkeit
- Gefühl von Überforderung und
- insgesamt verminderter Stoffwechsel im gesamten Organismus.

Klingt nicht so gut und kommt Ihnen vielleicht auch in der ein oder anderen Form bekannt vor?

Mit Vollatmung zu mehr Lebensenergie

Also, wie bringen wir nun unseren Atem wieder zum ausreichenden Fließen? Yogis aller Kontinente haben zahlreiche Abhandlungen hierüber geschrieben. Aus all diesen vielen guten Möglichkeiten ist es im Alltag am einfachsten und schnellsten mit der Vollatmung möglich, sowohl unser „Kopfkino" als auch unseren Körper soweit zu beruhigen, dass wir wieder mehr in unsere Kraft kommen können.

Bei der Vollatmung wird die Atmung nicht mehr allein vom autonomen Nervensystem gelenkt, sondern bewusst gesteuert. Je tiefer und langsamer der Atem fließt, umso ruhiger werden Geist und Körper. Die Beeinflussung des Atemrhythmus hilft, die Dinge einfach nur zu beobachten und weniger zu bewerten. Außerdem versorgt die Vollatmung unsere Zellen mit reichlich Sauerstoff und optimiert so die Stoffwechselprozesse in unserem Organismus. Denn mit jeder Ausatmung scheiden wir auch Abfallstoffe aus, die in jeder Zelle beim Stoffwechsel entstehen. Wird der Atem zu flach, bleiben diese im Körper und lagern sich ab. Zudem gerät das Säure-Basen-Gleichgewicht aus den Fugen, wir werden sprichwörtlich „sauer", was der Körper dann auch noch mit Wassereinlagerungen auszugleichen sucht.

Atmen wir öfter bewusst, und stellen unseren Atemrhythmus so auf ein ausreichendes Fließen ein, reinigt sich der Körper viel besser, da u.a. auch seine Selbstheilungskräfte aktiviert werden. Ein guter Atem reinigt uns sozusagen von innen, so dass wir auch wieder mit mehr Schwung unterwegs sein können.

TIPP: Je öfter Sie die folgende Übung einfach ganz zwanglos in Ihrem Alltag wiederholen, umso zuverlässiger wird Ihr Körpersystem darauf reagieren. Und bald werden Sie dann auf innere Anspannung ganz von allein, d.h. unbewusst, mit diesem neuen, erworbenen Atemmuster reagieren. Was für eine Erleichterung! Und machen Sie dies ruhig auch (ihren) Kindern und Enkeln vor, diese können es sehr schnell durch Modelllernen ebenfalls verankern. Was für ein Geschenk!

Übung 4: Natürliche Vollatmung

Zu Beginn suchen Sie sich auch für diese Übung am besten wieder einen angenehmen Ort, an dem Sie einige Zeit ungestört allein verbringen können.

Mit etwas Übung können Sie die Übung dann auch „untertags" z.B. am Schreibtisch im Büro, durchführen.

Nehmen Sie eine aufrechte Sitzposition ein, ohne sich anzulehnen, am besten so, dass Sie ihre sogenannten „Sitzbeinhöcker" gut auf der Unterlage spüren können.

Legen Sie nun eine Hand flach auf Ihren Unterbauch, unterhalb des Bauchnabels und die andere Hand auf Ihre Brust. Atmen Sie nun langsam und gleichmäßig durch die Nase tief ein, und zwar zunächst in den Bauchraum, so dass sich die dort abgelegte Hand leicht hebt und dann hinauf in den Brustraum bis hinein in die Lungenspitzen. Hierbei hebt sich die obere Hand leicht an.

Zur besseren Orientierung können Sie auch mitzählen: 1 - 2 - 3 - 4, halten auf 1 einmal kurz inne und lassen dann wieder auf 1 - 2 - 3 - 4 die Atemluft sanft durch Ihren Mund weichen. Wieder eine kurze Pause, und dann das Ganze einige Male wiederholen, bis Sie sich erholter fühlen. Sie werden staunen wie wirksam diese einfache Übung ist, wenn Sie sie wirklich in Ruhe durchführen!

Wenn Sie sehr angespannt sind, können Sie hierbei auch die Lippen leicht aufeinander halten und ein Geräusch erzeugen, das ähnlich klingt, als wenn ein Pferd abschnaubt. So geben Sie ihrem Nervensystem noch mehr Signale zum „Runterschalten".

Probieren Sie's aus, und genießen Sie diese kleine Erholung im Alltag so oft Sie mögen!

Auch für diese kleine, doch sehr wirkungsvolle Übung gibt es vielfältige Ausbaumöglichkeiten bis hin zum sogenannten „Brainwave entrainment" - zu Deutsch „Gehirnwellentraining" -, bei dem ein Ausgleich der beiden Hirnhälften sowie eine positive Beeinflussung der unterschiedlichen Gehirnwellen-Zustände erzielt werden kann. Alles beginnt mit dem Atem.

Einen gute Weiterführung hierzu finden Sie in dem im Anhang u.a. aufgeführten Buch von Heinz-Peter Röhr „Erholung beginnt im Kopf".

Wie ist es Ihnen mit dieser Übung ergangen? Konnten Sie etwas „Luft holen" und etwas Entspannung spüren?

Das ist schön. Im nächsten Schritt wenden wir uns dem Spüren noch etwas eingehender zu, es geht um das Spüren unserer Emotionen in unserem Körper.

Kapitel 5 - Sich selbst (wieder) spüren

Wir wissen zuviel und fühlen zuwenig.
Zumindest spüren wir zuwenig
von jenen schöpferischen Emotionen,
aus denen ein sinnvolles Leben entspringt.
Bertrand Russell

Wie jetzt, denken Sie sich vielleicht, was soll dies nun bedeuten, Emotionen im Körper zu spüren?

Nur Geduld, ich verspreche Ihnen, es wird Ihnen Freude bereiten und es gibt auch wieder Einiges an zusätzlichen wertvollen Informationen.

Beginnen wir noch einmal beim Atmen. In der letzten Übung hatten Sie ja bereits Ihre Hände auf Ihren Unterbauch und Ihre Brust gelegt.

Und so konnten Sie die mit Ihrem Atem verbundene Ausdehnung ihres Bauch- und Brustraumes bereits gut wahrnehmen.

Was haben sie sonst noch gespürt? Vielleicht wiederholen Sie diese Übung einfach kurz noch einmal und beobachten dabei, was Sie sonst noch wahrnehmen können.

Vielleicht ist ja Ihr Bauch etwas wärmer als Ihre Brust – oder umgekehrt. Der Bauch etwas weicher als die Brust – oder umgekehrt.

Nun spüren Sie einmal ein wenig in Ihren Bauch und in Ihre Brust hinein. Spüren Sie vielleicht ein leichtes „Zwicken" im Bauch oder etwas Druck auf der Brust? Oder fällt Ihnen sonst etwas auf, wenn Sie nun sozusagen von innen heraus spüren?

Wenn dies noch nicht so gut geht, legen Sie einmal eine Hand in ihren Nacken und stellen sich vor, Sie würden nun „in Ihren Nacken atmen". Natürlich geht dies physiologisch nicht wirklich, doch hier geht darum, ihr Bewusstsein durch ihre Vorstellungskraft auf diesen Teil des Körpers zu lenken.
Wie fühlt sich Ihr Nacken an, bewegen Sie einmal Ihren Kopf sanft nach rechts und links. „Knirscht" es vielleicht ein wenig, spüren sie vielleicht

Verspannungen in diesem Bereich? Oder zwackte vielleicht sogar Ihre Schulter ein wenig, als Sie den Arm gehoben haben?

Vielleicht sind Sie ja auch ganz locker. Die Erfahrung lehrt allerdings, dass wir alle durch unseren Alltag oftmals sehr angespannt sind, so dass sich in verschiedenen Bereichen unseres Körpers Verspannungen aufbauen und noch vielerlei weitere Symptome bilden können.

Schon unsere Sprache verrät sehr viel über diese Zusammenhänge. Wenn wir „locker drauf" sind, d.h. uns gut fühlen, sind wir zumeist auch nicht sehr angespannt und nehmen die Dinge, vielleicht sogar das Leben als Ganzes, eher recht locker.

Dann wiederum „bedrückt" uns etwas, und wenn wir genau in uns hinein spüren, bemerken wir vielleicht einen leichten Druck auf der Brust oder eine Anspannung im Schulterbereich. Wir tragen eine „gefühlte Last" auf unseren Schultern.

Uns „sitzt etwas im Nacken", wir fühlen uns also gehetzt, und können, wenn wir unsere Aufmerksamkeit auf unseren Nacken richten, dort eine Anspannung, vielleicht eine leichte Steifigkeit wahrnehmen.

Wir beißen „die Zähne zusammen", weil wir etwas nicht gerne machen oder meinen etwas tun zu **müssen**, was uns nicht wirklich Freude bereitet. Nehmen wir unseren Körper in solchen Situationen dann einmal bewusst wahr, so merken wir, dass unser Kiefergelenk alles andere als locker ist. Viele Menschen tragen nachts sogar eine Gleitschiene, weil ihre Zähne durch nächtliches Zähneknirschen sonst Schaden davontragen würden.

Vielleicht beißen wir tagsüber manchmal sogar so fest zu, dass wir insgesamt sehr angespannt sind und so unser Atem nicht mehr ausreichend fließen kann. Da wissen Sie ja nun schon, wie Sie sich helfen können und können dann kurz zum natürlichen Vollatem übergehen, bis Sie sich wieder etwas lösen konnten.

Uns „schlägt etwas auf den Magen", etwas bereitet uns „Kopf-zerbrechen", jemand macht sich „vor Angst fast ins Hemd", wir könnten „vor Stolz platzen".

In unserer Sprache sind die körperlichen Zusammenhänge unserer Empfindungen und Gefühle im Körper so quasi ständig präsent.

Nur wir selbst spüren sie oft gar nicht mehr, weil wir im Alltag zu wenig Ruhe finden, um uns selbst und auch unserem Körper und damit unseren natürlichen Bedürfnissen grundlegend gerecht werden zu können.

Oft arbeiten wir sprichwörtlich bis „zum Umfallen". Wahrscheinlich kennt jeder von uns in seinem Umfeld mindestens einen Menschen, für den der sogenannte „Burn Out", die vollständige körperliche und geistige Erschöpfung, auch als Überlastungssyndrom bezeichnet, kein Fremdwort mehr ist.

Doch auch schon lange vor dem Auftreten einer solch gravierenden Erkrankung kann ein mangelndes Selbstempfinden, ausgedrückt durch ein nicht ausreichendes Körperempfinden incl. Verdrängung eigentlich gesunder Emotionen, dazu führen, dass wir sowohl körperliche als auch psychische Symptome entwickeln.

Andauernde Fehlhaltungen, zu wenig oder nicht wirklich körpergerechte Bewegung (z.B. Joggen auf harten Untergründen), falsche Ernährung, zu wenig Schlaf, Lärm- und sonstige Umweltbelastungen, psychischer Stress durch andauernde Berichterstattung über Konflikte (Massenmedien), fortgesetzte Konflikte am Arbeitsplatz und in Familien und allerlei mehr oder weniger kleine Sünden bis hin zu Süchten (Alkohol, Nikotin, Beruhigungs- und Schlafmittel etc.) schaden unserem Körper und auch unserer Psyche mehr als uns bewusst ist.

In der Psychosomatik, einer ganzheitlichen Betrachtung körperlicher und seelischer Zusammenhänge, werden inzwischen sehr viele dieser Zusammenhänge klargesehen. Im Literaturverzeichnis finden Sie auch hierzu einen Hinweis auf ein sehr gutes Grundlagenwerk.

Leider hinken unser an der Schulmedizin orientiertes Gesundheitssystem und auch unser Bildungssystem hier noch sehr hinterher. Dies ist umso bedauerlicher, als das mit ausreichender Information und Bildung vielen ernsthaften Erkrankungen vorgebeugt werden könnte.

So kommt gerade in diesem Bereich der Selbsthilfe und auch Eigenverantwortung eine wesentliche Bedeutung zu.

Was können wir also tun?

Nun, wir können z.B. lernen, unsere Emotionen in unserm Körper wieder bewusst wahrzunehmen. Und der erste Schritt hierzu ist, dass wir unseren Körper wieder in seiner Gesamtheit und auch in seinen einzelnen Teilen bewusst wahrnehmen. So können wir – eine regelmäßige Übung vorausgesetzt – leicht wahrnehmen, wenn wir eine negative Veränderung spüren, die uns zeigt, dass wir eine Veränderung in unserem Alltag vornehmen sollten, z.B. indem wir an einer bestimmten Stelle gesunde Grenzen setzen. Damit haben wir uns schon in Kapitel 3 beschäftigt, wo wir uns auch schon ein erstes Mal mit dem Körper beschäftigt haben.

Sie können dies ruhig noch einmal dort nachlesen. Und natürlich gibt es auch zum Thema „Grenzen setzen" noch umfangreiche weiterführende Selbsthilfeliteratur, Sie finden sie im Literaturverzeichnis unter „Lebenshilfe".

An dieser Stelle möchte ich Sie nun zu einer Körperreise einladen, vielfach auch bezeichnet als „Body Scan".

Diese können Sie sowohl im Liegen als auch im Sitzen durchführen. Am Anfang empfiehlt es sich, im Liegen zu üben, da unsere Körper in dieser Position am Ehesten bereit sind, auf Entspannung umzuschalten.

Sollten Sie dabei einschlafen, ist dies vielleicht ein Zeichen, dass Sie bereits ein Schlafdefizit aufgebaut haben. Dann gönnen Sie sich ruhig etwas mehr Schlaf, vielleicht schaffen Sie es ja, jeden Abend eine halbe Stunde früher als bisher zu Bett zugehen. Das wären in einer Woche immerhin schon 3,5 Stunden, die sehr entlastend wirken können.

Doch nun zu unserer 5. Übung, die Sie vielleicht am besten genießen können, wenn Sie sich den Text mit der Diktierfunktion Ihres Handys aufnehmen und sich so vorbereiten.

Ich habe den Begleittext daher in der „Du-Form" abgefasst, denn Sie möchten sich sicherlich nicht mit „Sie" anreden.

Und nun: Viel Freude, Entspannung und (Er-)Fühlen!

TIPP: Körperreisen lassen sich in vielfältiger Form auch mit anderen Selbsthilfetools kombinieren, freuen Sie sich schon jetzt auch auf Kapitel 6!

Übung 5: Körperreise (Body Scan)

Suchen sie wieder ihren Lieblingsort auf, an dem Sie einige Zeit ungestört allein verbringen können.

Legen Sie sich bequem auf eine nicht zu harte Unterlage, vielleicht eine Yoga-Matte. Ihre Arme liegen längs am Körper ohne ihn direkt zu berühren. Die Beine sind gestreckt, die Füße fallen leicht nach außen.

Ich empfehle grundsätzlich **nicht** das eigene Bett für Entspannungsübungen zu wählen, dieses sollte im Sinne einer guten Schlafhygiene seinem eigentlichen Zweck vorbehalten bleiben. Auch erhöht sich dort die Wahrscheinlichkeit „einzunicken" und es wäre natürlich wenig sinnvoll, ausgerechnet im Bett gegen das Einschlafen anzukämpfen.

Möchten Sie die Übung im Sitzen durchführen, so wählen sie wieder, wie schon in Übung 4, eine aufrechte Sitzposition ohne sich anzulehnen und am besten so, dass Sie ihre sogenannten „Sitzbeinhöcker" gut auf der Unterlage spüren können. Ihre Hände liegen dann sanft in Ihrem Schoß.

Wenn Sie mögen können Sie nach dem Einschalten Ihres vorgesprochenen Textes die Augen schließen. Wenn es für Sie schöner ist, sie offenzuhalten, dann tun Sie dies. Ich rechne für einen Durchgang in der Regel 20 bis 25 Minuten, dies kann für jeden Menschen individuell natürlich auch abweichen.

∞ ∞ ∞ ∞ ∞ ∞ ∞ ∞ ∞ ∞ ∞ **Text für Vorabaufnahme:** ∞ ∞ ∞ ∞ ∞ ∞ ∞ ∞ ∞ ∞ ∞

Nimm mehrere lange, langsame, tiefe Atemzüge. Atme dabei wie schon in Übung 4 tief in den Bauch und dann hinauf in den Brustraum bis in die Lungenspitzen und dann wieder sanft, am besten über den leicht geöffneten Mund aus: 1 - 2 - 3 - 4   1   1 - 2 - 3 - 4.

Fühle, wie sich dein Bauch beim Einatmen ausdehnt. Wenn du ausatmest, lasse alle Anspannung aus dem Körper herausgleiten. Mit jedem Ausatmen ein wenig mehr.

Mache dies solange, bis du dich entspannter fühlst.

Nun beginne alle Geräusche, die du wahrnimmst, ebenfalls loszulassen. So beginnst du, deine Aufmerksamkeit von außen auf dich selbst zu lenken.

Wenn du einmal durch Geräusche im Raum abgelenkt wirst, nimm dies nur zur Kenntnis und kehre einfach zu dir selbst zurück, indem du deinen Fokus zurück zu deiner Atmung lenkst bzw. zu dem Körperteil, bei dem du zuletzt mit deiner Aufmerksamkeit verweilt hattest. Kannst du dies nicht sofort erinnern, ist dies auch nicht schlimm, setze einfach dort fort, wo es sich für dich im Moment richtig anfühlt.

Jetzt bringe deine Aufmerksamkeit langsam zu deinen Füßen. Sind sie kalt oder eher warm? Spüre deine Fußsohlen, deine Fersen. Hast du dort ein angenehmes Gefühl oder spürst du dort eher gar nichts? Spüre deine Fußaußenkanten, die Innenseiten und schließlich den Spann.

Dann gehe mit deiner Aufmerksamkeit zu deinen Zehen, bewege sie ruhig ein wenig. Sind sie locker oder schmerzen sie, vielleicht, weil du zu enge Schuhe getragen hast oder zulange auf den Beinen warst?

Beobachte einfach nur, du brauchst nichts zu beurteilen. Lass einfach deinen Atem fließen und bleibe mit deiner Aufmerksamkeit bei deinen Füßen.

Nun stell dir vor, wie du deinen Atem beim Einatmen bis zu deinen Füßen fließen lässt. So als ob der Atem durch deinen ganzen Körper, durch Brust und Bauch und Beine bis in deine Füße fließt.

Und mit dem Ausatmen wieder hinausfließt, durch Beine, Bauch und Brust und durch die Nase hinaus.

Spüre deinen Atemzügen nach. Vielleicht spürst du nun ein leichtes Kribbeln irgendwo, vielleicht spürst du auch gar nichts. Das ist auch in Ordnung. Dann erlaube dir einfach nichts zu fühlen, das ist manchmal einfach so, mach dir keine Gedanken hierzu, sondern bleibe in der Entspannung.

Und wenn du soweit bist, lenke deine Aufmerksamkeit weiter auf deine Knöchel, dann langsam auf deine Waden, die am Boden liegen, deine Schienbeine, deine Knie und deine Oberschenkel, erst ihre Vorderseite und dann ihre auf dem Boden liegende Rückseite. Spürst du irgendwo vielleicht ein Unbehagen, eine Verspannung oder einen (kleinen) Schmerz?

Beobachte auch dies einfach nur ohne zu urteilen und lasse nun auch deinen Atem bewusst durch deine Beine erst hinab und dann wieder hinauf fließen.

Beobachte die Empfindungen, die in dir aufsteigen. Spüre sie und bemerke, dass keine Empfindung auf Dauer anhält ohne sich zu verändern. Spüre dies einfach und lasse die Empfindungen so sein, wie sie sich im jeweiligen Moment zeigen.

Atme noch eine Weile in deine Beine ein und wieder aus.

Dann richtest du mit einem neuen Atemzug deine Aufmerksamkeit auf deinen unteren Rückenbereich und dein Becken. Und während du in diesen Bereich eine Weile ein- und ausatmest, spüre, wie er sich entspannt und beginnt, sich weicher anzufühlen.

Dann gehe mit deiner Aufmerksamkeit und deinem Atem zu deinem mittleren Rücken und deinem oberen Rücken. Sei neugierig und freue dich auf die Empfindungen hier.

Vielleicht spürst du Veränderungen in den Muskeln, in der Temperatur, also Wärme oder Kühle, z.B. von den Berührungspunkten deiner Unterlage oder dem Stuhl.

Und mit jedem weiteren Atemzug kannst du noch mehr Spannung, die in dir ist, herausfließen lassen, einfach loslassen. Genieße dies.

Verschiebe nun ganz sanft deinen Fokus auf deinen Bauch und alle inneren Organe. Vielleicht bemerkst du zunächst das Gefühl deiner Kleidung auf der Haut oder die Bewegungen in deinem Inneren durch den Prozess der Verdauung, wie der Bauch steigt und fällt, mit jedem Atemzug. Lass es geschehen, es ist alles gut so, wie es ist. Und sollte doch ein Gedanke auftauchen, kehre einfach mit deiner Aufmerksamkeit zurück zu deinem Atem und kehre nach einer Weile zu deinen Körperempfindungen zurück.

Und während du ruhig weiter atmest, bringe nun dein Bewusstsein in die Brust- und Herzregion, spüre das Sich-Weiten deines Brustkorbs, nach oben und unten und sogar nach rechts und links. Vielleicht gelingt dir dies am Anfang noch nicht. Dann ist dies so, lass es einfach, so wie es ist und spüre deinen Herzschlag. Wenn es ganz leise in deiner Umgebung ist, kannst du ihn vielleicht sogar hören.

Genieße diesen ganz intimen Moment mit dir selbst, bewerte nichts und gib dich einfach ganz dem Moment hin. Dies ist dein Moment und du nimmst gerade das Leben in dir selbst wahr. Was könnte schöner sein?

Und nach einer Weile ziehst du weiter und lenkst deine Aufmerksamkeit in deine Hände, bis hinein in die Fingerspitzen. Bewege ruhig deine Finger ein wenig und lenke nun auch deinen Atem bis in die Fingerspitzen – ein – und wieder heraus – aus –.

Wenn du nun ein leichtes Kribbeln spürst, in deinen Fingern, vielleicht auch in deinen Handinnenflächen, dann ist dies die Energie, die genau wie dein Blut, allerdings nicht durch deine Adern, sondern über unzählige Nerven- und Energiebahnen, durch deinen Körper fließt. Spürst du dies am Anfang noch nicht, so ist auch dies in Ordnung.

Bei jedem Geräusch oder Gedanken, die vielleicht wieder einmal aufkommen mögen, nimm diese einfach zur Kenntnis und kehre mit deiner Aufmerksamkeit zu deinen Empfindungen und zu deiner Atmung zurück.

Und mit einem folgenden Atemzug wanderst du mit deiner Aufmerksamkeit und deinem Atem in deine Arme.

Beobachte nun auch dort deine Empfindungen oder auch das Fehlen dieser. Vielleicht bemerkst du einige Unterschiede zwischen dem linken und dem rechten Arm. Dies ist gut möglich, dann lass auch dies einfach so sein, wie es ist.

Und bemerke, wenn du ausatmest, fühle, wie deine Arme weicher werden und sich auch hier Spannungen lösen. Genieße dies nun eine Weile, lasse deinen Atem dabei ruhig und sanft weiterfließen.

Und nun gehe mit deiner Aufmerksamkeit in deinen Schulter- und Nackenbereich. Eine Region, in der fast alle Menschen in der westlichen Welt Verspannungen mit sich herumtragen. Sei mit deinem Fühlen und deinem Atem nun hier. Vielleicht fühlst du Verspannungen oder Steifheit, vielleicht auch nicht. Beobachte auch hier ohne zu urteilen.
Und spüre, wie sich auch deine Schultern im Rhythmus deines Atems bewegen: auf – ein , ab – aus -. Und mit jedem Ausatmen ein wenig

Spannung loslassen...vielleicht auch erst beim nächsten...oder übernächsten Mal. Lass einfach Alles los, was du jetzt nicht brauchst um dich zu entspannen. Und genieße auch diesen Zustand.

Und schließlich lenkst du deine Aufmerksamkeit bei einem Ausatmen auf deinen Kopf, deine Kopfhaut und auch auf dein Gesicht.

Spüre überall dorthin und beobachte alle dort auftretenden Empfindungen. Beobachte die Bewegung der Luft beim Ein- oder Ausatmen in den Nasenlöchern und dem Mund. Wenn du ausatmest, fühle, wie sich auch dort Spannungen lösen dürfen. Und bevor du nun zum Abschluss kommst, genieße auch diese Erfahrung eine kleine Weile.

Dann lenke deine Aufmerksamkeit auf deinen gesamten Körper auf einmal, also als Gesamtes.

Achte auf alle Körperteile vom Kopf bis runter zu den Zehenspitzen, deine Arme von Fingerspitzen der einen Hand bis zu den Fingerspitzen der anderen Hand. Fühle wie sich dein sanfter Atem-Rhythmus durch deinen gesamten Körper bewegt. Wie du in deinem gesamten Körper, von Mal zu Mal, mehr Leben, mehr Lebendigkeit spüren kannst.

Und wenn du dich davon schließlich lösen magst, nimm nochmals einen ganz tiefen Atemzug und atme vollständig aus. Öffne dann langsam deine Augen, reck und strecke dich, auch ein herzhaftes Gähnen kann gut tun.

Und komme wieder vollständig in deinem Raum, in dem du auf deiner Matte liegst oder auf deinem Stuhl sitzt, im Hier und Jetzt, an.

Wie kamen Sie mit dieser umfassenden Körperreise zurecht?

Wahrscheinlich haben Sie noch nicht Alles wirklich wahrnehmen können, doch das ist völlig in Ordnung. Es braucht nun einmal etwas Geduld, bis Ihnen auch die Früchte dieser Übung in voller Reife „in den Schoß“ fallen können.

Wenn es Ihnen etwas lang vorgekommen ist, so können Sie auch erst ein paar Mal eine kürzere Variante nutzen, bei der Sie z.B. nur die Körperregionen, also Füße, Beine, Rumpf, Arme, Schultern/Nacken und Kopf in jeweils in Ihre Aufmerksamkeit nehmen und nicht auch noch deren einzelne Bestandteile.

Der Effekt der Übung geht natürlich tiefer und stellt sich in seiner Gesamtwirkung insgesamt auch früher ein, wenn Sie von Beginn an bei der längeren Variante bleiben. Doch auch hier können Sie ihren ganz persönlichen Weg in Ihrem eigenen Tempo gehen.

Und Sie können auch versuchen, zwischen beiden, z.B. ein ums andere Mal, oder so, wie Sie gerade möchten, zu wechseln. Dies ist für manche auch eine sehr angenehme Variante.

Kapitel 6 – Dramen beenden

Auf die Dauer nimmt die Seele
die Farbe der Gedanken an.
Marc Aurel

Wir kennen es alle, den sogenannten „schlechten Tag", das mit „dem linken Bein aufgestanden" sein, das was wir eben auch einfach „schlechte Laune" nennen. Und zumeist nehmen wir dies einfach als unvermeidlich hin. Doch ist dies wirklich so? Ist dies wirklich unvermeidlich?

Und dann gibt es ja auch noch Menschen, die eigentlich immer sehr leicht reizbar sind, so dass wir uns manchmal geradezu „auf Zehenspitzen" um sie herum bewegen. Und vielleicht müssen sich auch manchmal andere um uns herum „auf Zehenspitzen" bewegen?

Schließlich gibt es noch den Begriff der „Drama Queen", wir wissen wohl alle, was hiermit gemeint ist. Und wir wissen auch alle, wie anstrengend der Umgang miteinander gerät, wenn auch nur ein Beteiligter an einer Situation sich in solch einem Zustand befindet. Zeit, Kraft, Geduld und Nerven werden oft sehr stark beansprucht, ohne dass es jedoch zu einer Lösung der eigentlichen Herausforderung in der jeweiligen Situation kommen kann.

Schauen wir uns dieses Phänomen also ruhig einmal etwas genauer an. Wie kann es also sein, dass immer wieder solche Situationen entstehen, die dann alle Beteiligten belasten? Im Volksmund werden immer gern Erklärungen zur Hilfe genommen, die in erster Linie Verbindung mit dem „Hormonhaushalt" herstellen, sowohl bei Frauen als auch bei Männern. Dies ist sicher in gewisser Weise so, jedoch sind die eigentlichen Ursachen auch hier sehr vielschichtig und wir werden nachher sehen, dass uns eine wesentliche Ursache hierfür auch bereits bekannt ist.

In den ersten beiden Kapiteln haben wir uns ja bereits mit der Beobachtung unseres eigenen Verhaltens und unserer Gedanken beschäftigt. Und wir werden gleich sehen, dass dies beides wesentliche Grundlagen bietet, um das Thema dieses Kapitels greifen zu können.

Sicher ist Ihnen schon aufgefallen, wenn Sie die bisherigen Übungen aufmerksam und sich selbst gegenüber ehrlich durchgeführt haben, dass Sie die ein oder andere Verhaltensweise und auch so manche Gedankengänge haben, die sie selbst als unangenehm und vielleicht auch belastend empfinden. Doch egal wie oft Sie sich vorgenommen haben das eine nicht mehr zu tun und das andere vielleicht auch nicht mehr zu denken, irgendwie bleibt es bei Ihnen.

Wenn Sie möchten, können wir nun gemeinsam beginnen, dies zu verändern.
Was glauben Sie, woher kommen diese Eigenschaften und Muster? Manche kommen Ihnen vielleicht bekannt vor, und diejenigen die sie am wenigsten mögen, haben Sie vielleicht sogar schon bei ihren Eltern oder anderen Verwandten beobachtet? Vielleicht auch bei Freunden, Bekannten oder Kollegen und fragen sich nun, ob dies vielleicht sogar „ansteckend" ist?

In manchen Familien zieht sich so ein zum Drama neigendes Verhalten durch einige Generationen hindurch, so dass es die Familienmitglieder als völlig normal empfinden. Erst im Umgang mit Menschen außerhalb der Familie wird dann häufig sichtbar, dass dies allerdings nicht generell gilt.

Vererbung, mögen Sie nun denken? Ja und nein.

Es kommt darauf an, wie wir den Begriff Vererbung verstehen möchten. Neuere wissenschaftliche Erkenntnisse bestätigen, dass Verhalten grundsätzlich nicht im eigentlichen genetischem Sinne „festgeschrieben" ist, doch scheint es mitunter nicht minder hartnäckig zu sein. Es hat sich inzwischen gezeigt, dass viele - auch physische - Phänomene nicht auf rein genetischen, sondern auf so genannten „epigenetischen" Einflüssen beruhen. Dies bedeutet, dass unsere Gene durch bestimmte Umwelteinflüsse quasi an- und ausgeschaltet werden können.

Im Falle unseres Themas in diesem Kapitel also, dass wir eben nicht unbedingt an die ererbten genetischen Inhalte unserer Eltern gebunden sind, sondern dass es durchaus die Möglichkeit von Veränderung gibt, wenn wir den Schlüssel zu einer solchen Änderung finden können.

Natürlich gibt es auch die verhaltensmäßigen Prägungen, die auf ganz natürlichem Wege in jeder Familie entstehen und die an sich nichts Negatives sind. Denn diese Prägungen dienen der Anpassung von

Kindern an ihr äußeres Umfeld, so dass sie sich darin erfolgreich entwickeln und auch behaupten können. Also eigentlich der Weg hin zu positivem und erfolgreichem Sozialverhalten.

Wenn Sie selbst Kinder haben, dann wissen Sie, dass diese Entwicklungen natürlich auch zu Konflikten führen, wenn Kinder beginnen, ihren eigenen Willen zu entdecken und auch durchsetzen zu wollen.

Doch was bei einer drei bis fünfjährigen kleinen „Drama Queen" - egal welchen Geschlechts - noch ganz „niedlich" erscheinen mag, und sich bei einer erfolgreichen Entwicklung auch wieder normalisiert, steht z.B. einer erwachsenen Frau allerdings eher im Weg. Genauso ein kleiner Wüterich, der mit seinen Bausteinen oder Autos um sich wirft. Kann in der sogenannten „Trotzphase" schon einmal passieren, egal ob Junge oder Mädchen. Doch wenn es dann später im Beruf harsche Worte, Akten oder sonstige Gegenstände sind, die „durch die Gegend fliegen" ist dies auch nicht gerade ein Erfolgsfaktor im eigentlichen Sinne, sondern eher ein Zeichen von emotionaler Überforderung.

Eine emotionale Überforderung, die sich natürlich auch auf das Umfeld auswirkt, womit wir bei dem Faktor der „Ansteckung" wären. Wir bezeichnen es dann oft als „dicke Luft", „angespannte Lage" oder auch „schlechtes Arbeitsklima", worunter letztlich also jede(r) Beteiligte auf ganz eigene Art und Weise leiden kann. Was nicht sein muss, denn wir alle haben es in der Hand, uns auch von solchem Geschehen abgrenzen zu können.

Dies erfordert natürlich den Mut, sein eigenes Verhalten und auch das eigene eingebunden sein in solche Situationen zu beleuchten, kritisch wahrzunehmen, und auch ändern zu wollen.

Und so kommen wir zu einer sehr praktischen und hilfreichen Anwendung dessen, was Sie bereits in den ersten beiden Kapiteln gelernt haben.

Wenn Sie sich in solchen Situationen wiederfinden, ist es zunächst einmal wichtig, dass Sie sich zum Beispiel fragen:

- Wessen Drama ist dies hier?
- Bin ich nur Zuschauer oder auch beteiligt?
- Möchte ich mich im Weiteren an diesem Drama beteiligen / eingreifen oder nicht?

Und dann schauen, was für Gedanken und vielleicht auch Impulse zu diesen Fragen in Ihnen aufsteigen.

Können Sie ganz klar denken und auch unterscheiden zwischen sachlichen und emotionalen Inhalten? Können Sie sowohl Ihre Gedanken als auch Ihr Verhalten bewusst steuern?

Prima, dann sind die ersten beiden Fragen sehr schnell beantwortet und Sie können auch sehr frei und in einem für alle dienlichen Sinne über die dritte Frage entscheiden und dementsprechend handeln.

Wenn sie sich emotional allerdings sehr betroffen fühlen, z.B. verletzt, angegriffen, wütend oder auch ohnmächtig, vielleicht auch einfach nur sehr verwirrt, dann ist es gut, wenn Sie sich erst einmal aus dieser Situation zurückziehen, um innerlich zur Ruhe kommen zu können.

Manchmal hilft an dieser Stelle auch ein gemeinsames, befreiendes Lachen, so dass sich alle gemeinsam aus der unangenehmen Anspannung der Situation lösen können. Doch dies ist sehr situationsabhängig und kann auch nur dann funktionieren, wenn sich wirklich alle Beteiligten einen gesunden Sinn für Humor, auch in Bezug auf sich selbst, bewahrt haben. Bitte also nicht versuchen „einfach mal auszuprobieren“, das könnte sehr „nach hinten losgehen“.

So können sie zum Beispiel im beruflichen Umfeld besser den Waschraum aufsuchen, und sich mit der **natürlichen Vollatmung aus Kapitel 4** oder anderen Ihnen vielleicht bereits zur Verfügung stehenden Techniken, wie z.B. EFT® (Emotional Freedom Technique bzw. Klopfakupressur,) wieder mehr zur Ruhe und zur Verbindung mit sich selbst bringen.

Dies wird Ihnen eine wesentlich bessere Orientierung in Bezug auf die jeweilige aktuelle Situation ermöglichen und Sie vor Überreaktionen schützen, die auf in Ihnen selbst liegenden Mustern und Prägungen begründet wären und ansonsten Ihr Verhalten steuern könnten.

Was die hier vorgeschlagenen Methoden auch mit vielen weiteren Ansätzen zur Selbsthilfe und auch in der Therapie gerade von emotionalen „Ausnahmezuständen“ gemein haben, ist, dass sie mit den in unserem Körper fließenden (oder eben gerade nicht fließenden) Energien arbeiten und dabei ein ganz wichtiges Signal an unser zentrales Nervensystem geben.

Nämlich das Signal, dass wir uns in Sicherheit befinden, wir also weder zu fliehen noch zu kämpfen brauchen, sondern „ganz in Ruhe" und ganz bewusst unser Gehirn zur Lösung dieser Konfliktsituation (be-)nutzen können.

Auf das Thema Sicherheitsempfinden werden wir in **Kapital 10** noch detaillierter schauen und ich möchte daher hier nur kurz erwähnen, wo die jeweiligen Schlüssel hierzu bei den in diesem Kapital schon vorgeschlagenen Selbsthilfeübungen liegen, bevor wir zu einer weiterführenden Erdungsübung kommen:

1. **Gemeinsames Lachen**
   Lachen führt zu einer Vertiefung des Atmens und löst somit Atemblockaden, z.B. auch Blockaden des Zwerchfells. Diese kommen in Stresssituationen ganz natürlich vor und so ist gemeinsames Lachen eine Form von heilendem Sozialverhalten. Wir atmen wieder frei bzw. durch und fühlen uns so miteinander in Sicherheit.
2. **Natürliche Vollatmung**
   Wir verlangsamen unseren Atemrhythmus und erweitern unser Atemvolumen und treten so in einen Zustand der besseren Versorgung unseres Körpers ein. Dies geschieht regelmäßig nur dann, wenn wir uns in Sicherheit befinden. Denn auf der Flucht und im Kampf zehren wir von unseren Reserven, füllen sie jedoch nicht auf. Dies ist als „Körperwissen" in unserem System gespeichert und so schaltet ein an sich gesundes System um, sobald dieser „Ich bin sicher"-Impuls gegeben wird.
   Sie ahnen es vielleicht schon, ja, auch durch Essen und Trinken, können wir ähnliche Impulse setzen. Allerdings besteht hier die Gefahr, dass sich dies verselbstständigt und dann einen Suchtcharakter entwickeln kann.
   Zuviel entspannt und natürlich atmen können wir jedoch nicht.
   Sollten Sie allerdings zu einer sogenannten „Hyperventilation" neigen, so macht es Sinn, wenn Sie sich zunächst mit einer ausreichend qualifizierten Fachperson abstimmen.
3. **EFT® / Klopfakupressur**
   Diese weltweit ebenfalls sehr bewährte Selbsthilfemethode, die sehr leicht erlernbar ist und zu der auch sehr viel Material in Form von Büchern, Videos und auch Online-Kursen zur Verfügung steht,

arbeitet direkt mit den Energieleitbahnen unseres Körpers, den sogenannten Meridianen. Diese sind vielen bereits aus der Traditionellen Chinesischen Medizin (TCM) bzw. auch der Akupunktur bekannt. Durch das Klopfen auf bestimmte Akupunkturpunkte werden so Blockaden gelöst und die Energie in unserem Körpersystem kann wieder frei fließen.

Manchmal steht uns der Zugang zur ersten und dritten dieser Möglichkeiten aus den unterschiedlichsten Gründen jedoch nicht zur Verfügung. Dann kann es hilfreich sein, wenn wir uns von überschießenden Energien zunächst befreien, indem wir uns im wahrsten Wortsinne erst einmal „erden".

Hierbei verbinden wir uns bzw. unseren Körper ganz bewusst mit der Erde und können so uns überlastende Energien physikalisch ableiten, bevor wir vielleicht andere Menschen in übertragenem Sinne als „Blitzableiter" benutzen.

Hierbei geht es um reale, physikalische Zusammenhänge, deren genaue und fachliche fundierte Darstellung allerdings den Rahmen dieses kleinen Selbsthilfebuches sprengen würde. Und so möchte ich es hier zunächst bei dem Bild des „Blitzableiters" belassen. Weiterführende Ansätze zur Energieableitung werden Sie noch in **Kapitel 11** kennenlernen.

Bei dieser „Erdungsübung" verbinden wir die natürliche Vollatmung aus **Kapitel vier** mit Elementen der Körperreise (Body Scan) aus dem vorangegangenen **Kapitel fünf** und fügen dem noch bewusst ein physikalisches Element, die bewusste körperliche Anbindung an die Erde / den Boden unter unseren Füßen, hinzu.

Hierbei wünsche ich Ihnen eine gute Weiterreise.

TIPP: Teilen Sie die nachfolgende Übung auch wieder gern, insbesondere mit (jüngeren) Kindern, die ja noch ein viel lebendigeres Vorstellungsvermögen als wir Erwachsenen haben. Sie werden erstaunt sein über den Effekt!

Übung 6: Erdungsübung
Richten Sie an einem Ort ein, an dem Sie ungestört sind und nehmen Sie dort Platz. Richten Sie sich so ein, dass Ihre Fußsohlen locker auf dem Boden stehen. Am besten mit Schuhen ohne Gummi- oder Kunststoffsohlen, vielleicht sogar barfuß. Denn die Leitfähigkeit zur Ausleitung von Energien ist ansonsten nicht optimal oder kann gar nicht stattfinden. Gleiches gilt für Kunststoff- und gummierte Bodenbeläge. Ihren Rücken richten Sie bitte wieder gerade auf, ebenso Ihren Nacken und Ihren Kopf, ihre Hände liegen locker in ihrem Schoß mit nach oben gerichteten Handflächen.

Sobald Sie sich für den Moment optimal einrichten konnten, beginnen Sie die natürliche Vollatmung aus der **Übung 4** einige Male zu praktizieren. Bis Sie spüren können, dass Sie wieder etwas zur Ruhe kommen. Ihr Inneres und Ihr Körper insgesamt werden sich nach und nach auszudehnen beginnen. Lassen Sie dies zu, bis Ihr Atem wieder leichter und müheloser fließt.

Und wenn Sie die **Übung 5**, die Körperreise, zuvor ebenfalls ausreichend geübt haben, wird es Ihnen nun auch recht leichtfallen, einmal in Kurzform durch Ihren Körper zu spüren.

Spüren Sie nun also beim Einatmen jeweils in Ihre einzelnen Körperregionen, so wie es gerade für Sie selbst gut ist. Gibt es irgendwo eine Art „aktuelle" Verspannung? Vielleicht einen Druck im Kopf oder Nacken, einen „Knoten" im Bauch oder auch einen Schmerz im Rücken? Sind Ihre Hände locker? Was auch immer Sie bemerken, nehmen Sie es einfach zur Kenntnis. Und lassen Sie, sofern Sie dies jetzt zeitlich einrichten können und auch tun möchten, ebenso aufsteigende Emotionen zu. Was Sie allerdings auch zu einem späteren Zeitpunkt, vielleicht am Abend, noch nachholen können, wenn Sie diese gern nicht mit in die Nacht nehmen möchten. Vielleicht möchten Sie auch Begleitung durch Ihre(n) Partner(in) oder eine(n) Freund(in) hierzu. Auch dies ist in Ordnung und kann sehr hilfreich sein.

Wenn Sie mögen, atmen Sie nun in Ihrer Vorstellung in die betroffenen, „spürigen" Bereiche noch ein- bis zweimal ein und stellen sich beim

Ausatmen vor, wie die dort gebundene, festliegende Energie hinunter durch Ihren Leib, ihre Beine und schließlich Ihre Fußsohlen in die Erde hinein fließt. Wenn Sie das Bild mögen, können Sie sich vielleicht auch vorstellen, wie aus Ihren Füßen Wurzeln in die Erde wachsen, durch die alles, was Ihnen nicht (mehr) dienlich ist, in diese hineinfließt.

Die ganze überschießende, negative Energie, die Sie gar nicht mit sich tragen möchten. Und wie diese negative Energie von der Erde, wie z.B. auch das Laub der Bäume, wieder in eine fruchtbare Form umgewandelt wird.
Und genießen Sie, wie sich ihr ganzes System immer mehr „glättet", ausdehnt und wieder ins Gleichgewicht kommt.
Vielleicht tauchen jetzt sogar Gerüche, z.B. nach würzigem Laub oder frischer Erde in Ihrer Vorstellung auf und Sie bekommen Lust auf einen kleinen Spaziergang, z.B. nach Feierabend, anstelle nur der üblichen Routine zu folgen. Das wäre wunderbar! Genießen Sie alles Positive, dass sich Ihnen zeigt, sobald der Raum in Ihrem Inneren mehr und mehr von Belastendem gereinigt wurde.

Nehmen Sie all dieses Positive in vollen (Atem-)Zügen in sich auf und gehen Sie so gestärkt und mit neuem Schwung zurück in Ihren Alltag.

∞

Wie war diese Erfahrung einer Kombination aus Atemtechnik, Meditation und Körper- und Phantasiereise für Sie? Lassen Sie sich ruhig Zeit und haben Sie Geduld mit sich selbst, um sich hierauf einlassen zu können. Denn es könnte ein ganz neuer und für Sie sehr fruchtbarer Weg werden, aus unangenehmen Lebenssituationen wertvolle Neuausrichtungen und eine größere Lebenszufriedenheit gewinnen zu können.

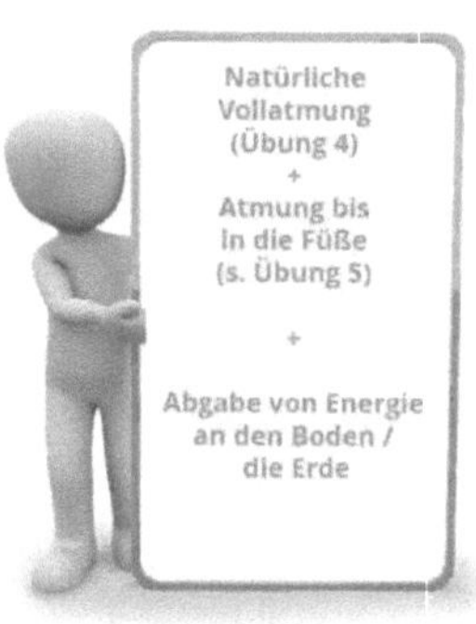

Kapitel 7 - Der eigene Wille

„Es kann Dir jemand die Tür öffnen,
aber hindurchgehen
muss Du selbst."
Konfuzius

Im vorigen Kapitel haben wir schon zum zweiten Mal über die energetischen Verbindungen unserer Körper gesprochen. Und dies möchte ich jetzt noch etwas weiterführen und auch vertiefen.

Sicher haben auch Sie schon von diesem besonderen Nervengeflecht in unserer Körpermitte, dem sogenannten „Solar Plexus", zu deutsch „Sonnengeflecht", gehört oder auch gelesen.

Und wahrscheinlich auch schon öfter einmal genau an dieser Stelle so etwas wie „einen Knoten" gespürt. Einen Knoten, der zwar nicht tastbar, jedoch von innen deutlich spürbar ist, eine Art Verhärtung oder auch Verspannung, die uns manchmal am freien Atmen hindern kann.

Wenn wir hierzu z.B. unseren Hausarzt befragen, so kann dieser mithilfe unserer westlichen Diagnosemethoden meistens gar nichts feststellen. Und doch wissen wir intuitiv, dass dort irgendetwas „nicht stimmt", da wir uns ja „unwohl" fühlen.

Hier ist dann der ergänzende Blick über den Rand der sogenannten „Schulmedizin" sehr hilfreich.

Die östlichen Lehren, seien es nun die Traditionelle Chinesische Medizin (TCM), Ayurveda / Traditionelle Indische Medizin (TIM) und auch die Lehren Tibets, stellen alle nicht den Krankheits-, sondern den Gesundheitsaspekt in den Vordergrund. Sie betrachten jede Krankheit als Störung des Flusses der zentralen Lebensenergie (Chi, Prana, Hara), die - für uns nicht sichtbar - durch unseren ebenfalls nicht sichtbaren, sogenannten Energiekörper fließt.
Solche Störungen führen aus dieser Sicht zu einem energetischen Stau, der mithilfe von energiemedizinischen Methoden - am bekanntesten hieraus bisher die Akupunktur – und auch durch Selbsthilfe wie EFT® / Klopfakupressur (s. **Kapitel 6**) und bestimmte „sportliche" Aktivitäten (Chi Gong, Tai Chi, Yoga) aufgelöst werden können. Je eher, umso besser,

bevor sich daraus eine physische oder auch psychische Erkrankung entwickeln konnte.

Sie fragen sich jetzt vielleicht, was dies alles nun mit unserem eigenen Willen zu tun hat? Nun, aus Sicht der östlichen Gesundheits- und Energielehren ist der Solar Plexus bzw. das Solarplexus Chakra, auch drittes Chakra genannt, dasjenige Energiezentrum unseres Körpers, welches eng mit der Entfaltung unserer Persönlichkeit verbunden ist. In ihm sieht man den Sitz für Individualität und Identität und eines seiner zentralen Themen ist – unsere Willenskraft. Und ist dieses Chakra „einseitig betont", also mit zuviel oder zuwenig Energie versorgt, fällt es uns schwer, loszulassen und uns zu entspannen. Und dies spüren wir dann tatsächlich auch körperlich.

Ist dieses Chakra hingegen energetisch ausgeglichen, so handeln wir ganz selbstverständlich und vertrauensvoll aus unserem gesunden „Bauchgefühl" heraus und fühlen uns weder hilf- oder machtlos noch verspüren wir den Wunsch, andere beherrschen zu wollen. Wir sind dann also im Einklang mit unserem freien Willen und respektieren auch den freien Willen anderer.

Dieses „Bauchgefühl" ist es auch, was wir gern unsere Intuition nennen. Wir wissen dann ganz einfach, was für uns in einem Moment, z.B. als ein nächster Schritt, richtig ist, ohne dies vorher „mit unserem Kopf" analytisch betrachtet bzw. durchdacht zu haben. Wir sind dann sprichwörtlich „in unserer Mitte".

Allerdings ist es oft nicht leicht, unser Empfinden und unsere darauf basierenden Entscheidungen anderen gegenüber darzulegen. Und genau aus diesem Grund ist es auch so wichtig, die persönlichen Entscheidungen anderer Menschen, in denen sich ja ihr freier Wille ausdrückt, zu respektieren. Wir müssen sie nicht im gedanklichen Sinne „nachvollziehen" können und wenn unser eigenes Bauchgefühl etwas Anderes sagt, so ist es nun einmal unser eigenes Bauchgefühl, das jedoch nicht der Maßstab für einen anderen Menschen sein kann und sollte.

Soweit die Theorie. Im Alltag erleben wir alle natürlich ständig, dass uns die Meinung anderer Menschen die Richtung vorgeben soll. Es wird manipuliert, argumentiert und gestritten, oft in einem Umfang, der für viele Menschen das Maß des Erträglichen deutlich überschreitet. Und hier ist es dann auch erkennbar, worum es dabei eigentlich geht, nämlich darum, Macht über andere ausüben zu können.

Geraten wir selbst in so eine Situation, wissen wir am Ende oft gar nicht mehr, was wir nun eigentlich für richtig halten. Wir haben das Gespür für uns selbst, die eigentliche Herausforderung und auch den Gesamtzusammenhang schlicht verloren. Wir wissen in so einem Moment gar nicht, was wir eigentlich wollen. Alles was wir vielleicht noch spüren ist ein subtiles Unbehagen, der berühmte Kloß im Hals oder eben – der Knoten im Bauch. Der uns zeigt: „Hier stimmt etwas nicht für mich." Doch es fällt uns schwer, zu erfassen, was es ist.

Der klassische Moment für falsche Kompromisse, um aus so einer unangenehmen Situation herauszukommen. Die einen ziehen sich „um des lieben Friedens willen" zurück und andere, die oft gar nicht alle wesentlichen Aspekte erfasst haben, setzen sich dann mit ihrer Meinung und ihrem Willen durch. Und gestalten damit die weitere Realität für alle in einer sehr einseitigen und oft auch wenig dienlichen Art und Weise.

Machen wir uns anhand dessen, was wir uns bisher in diesem Buch bereits angeschaut haben einmal bewusst, was in solchen Konfliktsituationen geschieht und wie sie eigentlich entstehen.

In **Kapitel 1** haben wir gesehen, dass wir unser eigenes Verhalten gerade auch in Konfliktsituationen bewusst beobachten können. Nun ist es an der Zeit, uns noch einmal die Frage zu stellen, wie wir uns selbst in einer solchen Konfliktsituation verhalten. Geben wir lieber nach und bleiben dann mit einer Art Beklemmung zurück? Oder ist es uns ungeheuer wichtig, dass andere unsere Meinung akzeptieren bzw. übernehmen?

Egal, wie Ihre Antwort auf diese Fragen lautet: Verhalten Sie sich in einer solchen Situation wirklich so, wie Sie selbst es **wollen** oder eher so, wie es sich gerade ergibt?

In **Kapitel 2** haben wir unseren inneren geistigen Raum, die Welt unserer Gedanken kennengelernt. Fragen wir uns nun: nehmen wir uns in einer Konfliktsituation ausreichend Raum für unsere eigenen Gedanken und Empfindungen, oder überlassen wir diesen Raum eher anderen?

Und **wollen** wir das, was wir da tun überhaupt? Oder fühlen wir uns vielleicht nur als „Opfer der Umstände"? Oder fühlen wir vielleicht auch in einer anderen Rolle „gefangen"?

Haben Sie durch ihre Antworten vielleicht festgestellt, dass Sie anderen oft Raum überlassen, der eigentlich Ihr eigener sein sollte? Dann macht es Sinn, dass Sie sich noch einmal mit dem Thema des **Kapitel 3**, nämlich sich selbst auszudehnen und selbst Grenzen zu setzen, bewusst auseinandersetzen. Und dies nun auch gewollt in Ihr Leben zu bringen.

Oder machen Sie eher die Erfahrung, dass Sie in Konfliktsituationen zumeist „Ihren Willen bekommen", sich jedoch oft auch ungewollt isoliert fühlen? Dann könnte eine erneute Beschäftigung mit dem **Kapitel 3** vielleicht aufdecken, dass Sie die Grenzen von anderen Menschen oft - unbewusst - übertreten. Dies können Sie dann auch Schritt für Schritt, wenn Sie wollen, ändern, und damit auch Ihr Lebensgefühl verbessern.

Erspüren Sie also Ihren Weg zu Ihrem natürlichen und authentischen Willen, indem Sie die Übungen der **Kapitel 4 bis 6** in diesen Prozess der Wandlung integrieren.

Atmen Sie durch, spüren Sie Ihren Körper und auch auftauchende Emotionen und sich verändernde Körperempfindungen bewusst, nutzen Sie die Möglichkeiten zur energetischen Entlastung und Erdung regelmäßig und unterscheiden Sie, was wirklich Ihre Themen sind und was nicht.

Und entscheiden Sie dann immer häufiger ganz bewusst, wie Sie mit einer jeweiligen Situation umgehen wollen.

Wie können Sie nun auf recht einfache Weise feststellen, ob Sie sich in einer bestimmten Situation selbst „treu geblieben" sind oder noch besser: sich selbst treu bleiben werden, ohne sich darüber den Kopf zerbrechen zu müssen?

Nun, ganz einfach indem Sie wieder Ihren Körper nutzen.

Denn genauso wie viele Krankheiten oft Symptome für Ungleichgewichte auf unterschiedlichsten Ebenen darstellen, kennt ihr Körper die Antwort auf die Frage, was in einem bestimmten Moment stimmig und damit richtig, also „wahr" für Sie ist. Denn wann immer Sie etwas tun (wollen), was für Sie aus ganzheitlicher Sicht im betreffenden Moment nicht dienlich ist, reagiert Ihr Körper mit einer Kontraktion, einer Anspannung, einer Art „Zurückweichen". Dies ist quasi die Stimme Ihres Unbewussten, das eine Art „Warnsignal" sendet.

Oft sagen wir im Nachhinein, wenn etwas nicht zu unseren Gunsten ausgegangen ist „ich hatte gleich so ein ungutes Gefühl dabei". Die gute Nachricht ist nun, dass wir uns diesen Zusammenhang ganz bewusst nutzbar machen können, indem wir unseren Körper und damit unser Unbewusstes, „befragen", ob es den Weg, den wir gehen möchten, auch „mitgeht".

Hierzu möchte ich Ihnen in der nachfolgenden Übung den kinesiologischen Neigetest vorstellen.

Der kinesiologische Neigetest ist eine unkomplizierte Möglichkeit herauszufinden, ob ein Gedanke oder auch eine Wahlmöglichkeit im Einklang mit unserem aktuellen unbewussten Zustand ist. Dies ist insofern sinnvoll, als das eine noch so gut durchdachte Entscheidung durch unser Unbewusstes regelrecht torpediert werden kann, wenn dort widersprüchliche, uns jedoch nicht direkt zugängliche Informationen „gespeichert" sind. Er ist die Form der kinesiologischen Testung, die für die meisten Menschen funktioniert und leicht und unkompliziert auch allein durchgeführt werden kann.

TIPP: Im Literaturverzeichnis finden Sie ein Praxis-Buch, das eine sehr gute Einführung in die unterschiedlichen Ansätze und auch Gemeinsamkeiten in der Energiemedizin incl. einer Einführung in die Chakrenlehre mit Anwendungsbeispielen für den Alltag bietet. Autoren sind der chinesische Professor (TCM Universität Yunnan) Li Wu sowie die freie deutsche Fachautorin Dr. Natalie Lauer.

Übung 7: Kinesiologischer Neigetest (Ganzkörperreaktion)

Bitte suchen Sie wieder einen Ort auf, an dem Sie ungestört sind und auch keine ablenkenden Geräusche, zum Beispiel durch Fernsehen, Radio oder Musik vorhanden sind.

Um den Neigetest durchzuführen, stellen Sie sich bequem und locker hin. Achten Sie darauf, dass sowohl ihre Hüften als auch ihre Kniegelenke leicht gebeugt und nicht durchgestreckt sind, so dass die Energien frei fließen können. Die Füße stehen schulterbreit auseinander, die Arme hängen locker an den Körperseiten herunter.

Wenn Sie mögen, können Sie auch Ihre Augen schließen. Atmen Sie ruhig und gleichmäßig. Bereits nach kurzer Zeit werden Sie feststellen, dass Ihre Körperhaltung sich ständig geringfügig verändert, da Ihr Körper ständig das Gleichgewicht hält und dabei in einer Art ganz leichter Pendelbewegung schwingt.

Wenn Sie nun eine positive, für Sie wahre und authentische Aussage aussprechen, wird ihr Körper innerhalb kurzer Zeit merklich nach vorne Kippen. Probieren Sie dies ruhig aus indem sie zum Beispiel aussprechen: „Ich heiße...."

Sprechen Sie dagegen einer falsche bzw. negative Aussage aus, wird sich ihr Körper in der gleichen Zeitspanne nach hinten neigen. Probieren Sie auch dies ruhig aus, zum Beispiel indem Sie nun sagen:
„Ich heiße Rumpelstilzchen."

Wenn dies auch für Sie funktioniert, haben Sie Ihr eigenes Überprüfungsinstrument eigentlich immer dabei.

Beachten Sie bitte, dass dies nur in entspanntem Zustand zuverlässig funktionieren kann und nicht als alltägliche Entscheidungshilfe missbraucht werden sollte.

Kapitel 8 - Abhängigkeit in Verbundenheit wandeln

Liebe für andere zu hegen bewirkt automatisch,
dass wir uns innerlich entspannen.
Letztlich ist Liebe die Quelle für alles,
was im Leben gelingt.
– Der 14. Dalai Lama

Bei dem Begriff „Abhängigkeit“ geht es in diesem Kapitel nicht um stoffliche Abhängigkeiten in Form von Substanzen zur Beruhigung unseres Körper-Geist Systems, seien es nun bestimmte Ess-oder Trinkgewohnheiten oder auch bestimmte Medikamente, wie Schlaf- und Beruhigungsmittel.

Was ich mit Ihnen hier betrachten möchte, ist der Grad unserer eigenen, inneren Autonomie und Selbststeuerungsfähigkeit. Und zwar in Abgrenzung zu unserer sehr oft gefühlten und tatsächlich manchmal auch faktischen Abhängigkeit, z.B. von äußeren Autoritäten, Beziehungen, Umständen und auch Einschätzungen durch andere Menschen.

Denn genauso, wie wir vielen Schwierigkeiten und Beschwerden des Alltags durchaus erfolgreich durch bewusstes eigenes Handeln begegnen können, so können wir dies auch in Bezug auf unser eigenes Autonomieempfinden, unsere „Selbst-Ständigkeit“, tun. Denn oft sind wir gar nicht wirklich so abhängig, wie wir uns fühlen.

Sicher kennen Sie dieses Gefühl in einer bestimmten Situation „gefangen“ zu sein. In den **Kapiteln 2 + 3** hatten wir uns bereits mit entsprechenden Beispielen beschäftigt. Situationen, in denen wir uns zwar unwohl fühlen, doch obgleich wir erwachsene Menschen sind, fühlen wir uns nicht in der Lage, diese Situation so verändern zu können, dass sie für alle Beteiligten und damit auch für uns selbst dienlich ist.

Wie kann dies sein? Nun, hierzu gibt es einen sehr anschaulichen Schlüssel: seit einiger Zeit hat sich sowohl im Coaching, der Beratung und auch der Psychotherapie der Begriff des „Inneren Kindes“ etabliert. Hierzu gibt es bereits sehr viel gute Literatur, entsprechende Hinweise, auch zum Begriff der Selbststeuerungsfähigkeit, finden Sie im Literaturverzeichnis.

Für die Zwecke dieses Kapitels ist es ausreichend zu verstehen, dass der Begriff des inneren Kindes als zusammenfassende Bezeichnung all jener inneren Anteile von uns dienen kann, die nicht die Möglichkeit hatten, sich zu einer vollständigen Autonomie zu entwickeln.

Beispiele für solche „Persönlichkeitsanteile", die dann nach wie vor unbewusst unser Verhalten steuern, haben Sie bereits in **Kapitel 6**, in Form der kleinen Drama Queen und des kleinen Wüterichs kennen gelernt. In diesen Bereich fallen auch alle möglichen Ängste, die uns davon abhalten, etwas zu tun, was wir eigentlich ganz gerne tun würden. Denken wir zum Beispiel an eine Spinnenphobie, Höhenangst oder auch die Unsicherheit vor einer Gruppe zu sprechen.

Erwähnen möchte ich auch noch das sogenannte „magische" kindliche Denken. Für Kinder ist es völlig normal, dass sie sich immer wieder das aus ihrer kindlichen Sicht noch Unmögliche „herbeiwünschen", nach dem Motto „Sternenstaub und Zauberstab". Dies ist sogar sehr gut für die kindliche Entwicklung, um die für das Lernen notwendige Neugier und das Zutrauen in die positive Veränderbarkeit des Lebens aus eigener Kraft in Kindern wirklich tief zu verankern. Für uns Erwachsene ist es dagegen eher hinderlich, wenn wir erwarten, dass alle unsere Wünsche einfach „magisch" und durch das Handeln von anderen in Erfüllung gehen, ohne dass wir selbst etwas dazu beitragen brauchen.

Alle diese Verhaltensweisen und Empfindungen zeigen uns, wenn sie in unserem Erwachsenenleben noch immer präsent sind, dass wir als Kinder schlicht keine Möglichkeit hatten, ein für solche Situationen dienlicheres und erwachseneres Verhalten zu entwickeln. Dies kann zum Beispiel daran liegen, dass wir entsprechenden Belastungssituationen in unserer Kindheit nie begegnet sind. Oder auch, dass unsere Eltern und sonstigen Bezugspersonen uns keinen positiveren Umgang damit vermitteln konnten. Vielleicht hatten sie ja selbst ebenfalls keine Möglichkeit einen entsprechend positiven Umgang zu erlernen.

Im allgemeinen Sprachgebrauch heißt es dann häufig „Sei doch nicht so kindisch!" oder „Wie ist sie/er heute bloß wieder drauf!?!" Und manchmal erkennen auch wir selbst uns nicht wieder und fragen uns zum Beispiel, warum wir so aus der Haut gefahren sind oder auf einmal so ängstlich waren. Wir wissen schon, dass unsere Reaktion nicht angemessen und schon gar nicht souverän war. Und trotzdem scheinen wir schlicht nicht in der Lage zu sein, dies zu ändern.

Wenn wir dann noch der Meinung sind, es läge gar nicht an uns, sondern „die anderen" müssten schließlich etwas ändern, dann zeigt dies deutlich, dass wir uns an dieser Stelle tatsächlich in der Abhängigkeit von anderen fühlen. Wir haben uns - und auch dies ist zumeist ein unbewusster Vorgang - in die „Opferrolle" begeben. Wir fühlen uns, ohne dass es uns selbst überhaupt bewusst sein muss, hilf- oder schutzlos wie ein Kind und dies lässt uns dann auch reagieren wie ein Kind - z.B. sehr emotional, aufbrausend oder in dem wir uns - manchmal sogar beleidigt - aus der betreffenden Situation zurückziehen.

Wenn wir jedoch in der Lage sind zu erkennen, dass da in uns selbst etwas mehr oder weniger „automatisch" geschieht, dann können wir uns damit auseinandersetzen und so diesen Anteil unseres inneren Kindes heilen, also ebenfalls ins Erwachsen-Sein entwickeln. Ein erster Schritt in eine erweiterte Autonomie, dem noch viele weitere Schritte folgen können, wenn wir uns dazu entscheiden.

Beobachten Sie also Ihr eigenes Verhalten ruhig immer öfter gerade in Situationen, in denen Sie sich unwohl, unter Druck gesetzt oder unverstanden fühlen und / oder Sie selbst erstaunt über Ihr eigenes Verhalten sind.

Machen Sie sich immer wieder bewusst, dass Sie in ihrem Empfinden und auch Handeln nicht abhängig von anderen Menschen sind und sie auch durch nichts dazu verpflichtet sind, auf vielleicht sogar sehr unhöfliches Verhalten anderer Menschen zu re-agieren.

Lassen Sie auch in Gesprächen bewusst Pausen zu, so wie wir es uns schon in **Kapitel 2** in Bezug auf unsere Gedanken angeschaut haben. Und nutzen Sie diese Pausen dazu, sich durch bewusstes tiefes Atmen wieder mit sich selbst, mit Ihrem „Erwachsenen-Ich", zu verbinden. Sie werden sehr schnell bemerken können, wie Sie sich dadurch auch in nicht so angenehmen Situationen immer mehr innerlich entspannen können bzw. wie Ihre innere Anspannung nachlässt. Und Sie so in sich selbst den inneren Raum für neue Ansichten und Lösungsmöglichkeiten öffnen können.

Sollte Ihnen dies nicht so leichtfallen, greifen Sie ruhig auf die umfangreiche Literatur zum Thema Inneres Kind und Selbststeuerung zurück. Und als weitere Möglichkeit stehen Ihnen dann auch noch Coaches, Berater und wenn es ein ganz tiefliegendes Thema sein sollte, Psychotherapeuten, zur Verfügung.

Je mehr es uns gelingt, uns aus dieser inneren Abhängigkeit zu befreien, umso leichter fällt uns auch der Umgang mit allen möglichen Alltags- und Lebenssituationen. Dies ist ein weiterer wesentlicher Punkt um aus alten, in diesem Falle auch kollektiven, also gesellschaftsweiten, Mustern heraustreten zu können. Und damit öffnet sich dann zusätzlicher Raum für eigene, persönliche und auch gemeinsame Kreativität, d.h. aktive Gestaltung einer gemeinsamen Realität.

Wenn wir nicht mehr gefangen sind in der Dualität, d.h. dem Prinzip von

- „entweder - oder" bzw.
- „du oder ich",
- „schwarz oder weiß",

beginnen wir auch alle, uns innerlich zu entspannen. Wir dehnen uns dann gemeinsam und zunächst einmal innerlich aus, und zwar ohne die Grenzen der Anderen zu verletzen.

Und wir kommen dadurch schließlich auch in die Lage, Verbundenheit miteinander zu empfinden, anstelle wie zuvor aus einem wenig förderlichen Konkurrenzdenken heraus gegeneinander zu arbeiten. Es heißt nun also

- „**sowohl als auch**",

und dies ermöglicht uns, auch unterschiedliche Blickwinkel und Sichtweisen zueinander bringen zu können, anstelle gegen etwas zu kämpfen.

Wir empfinden unterschiedliche Positionen dann nicht mehr als gegensätzlich, sondern eher als Rahmen innerhalb dessen eine gemeinsame und für alle Beteiligten verträgliche Lösung gefunden werden kann.

So gelangen wir aus der bisherigen, gegensätzlich orientierten Dualität schließlich in die Polarität. Diese finden wir in allen Lebensprinzipien wieder: es gibt unten und oben, es gibt schwarz und weiß und es gibt auch rechts und links. Die eigentliche Bewegung des Lebens, die einem ganz natürlichen Rhythmus folgt, sowie auch unser Atem ganz natürlich ein- und ausfließt, findet jeweils zwischen diesen beiden Polen statt.

Indem wir uns also nicht länger starr und nahezu atemlos an alten Positionierungen festhalten, sondern uns dem natürlichen Auf und Ab des Lebens gemeinsam mit anderen hingeben, werden wir erkennen können, dass auch Mangelempfinden, genau wie das Gefühl einer Abhängigkeit - und auch stärkere Ängste - letztlich nur kindliche Illusionen sind, die eigentlich ursprünglich dazu angelegt waren, unser Überleben in unserer frühesten Kindheit, also unserer „vorbewussten Phase", zu sichern. Und dies eben durch kompromisslose Orientierung an der Bezugsperson, von der dann auch die Erfüllung der eigenen emotionalen und materiellen Bedürfnisse eingefordert wurde. Insofern und für diese Zwecke sehr sinnvoll.

Alle „Reste" dieser Illusionen, die noch in uns schlummern (nicht unbedingt aus unzureichender Versorgung durch unsere eigenen Bezugspersonen, denn auch kulturelle und biogenetische Einflüsse spielen hier eine Rolle), können uns dann immer wieder in die Unsicherheit versetzen, dass wir nicht ausreichend versorgt würden.

Doch wenn wir nicht mehr destruktiv und gegeneinander, sondern konstruktiv und für- und miteinander handeln, wird für uns alle die an sich vorhandene Fülle nicht nur sichtbar, sondern auch spürbar werden.

Und ganz davon abgesehen: warum sollten wir als gesunde, erwachsene Menschen auch überhaupt „von außen" versorgt werden? Aus meiner Sicht zeigt sich auch hier deutlich, dass ein beherzter und mutiger Schritt in die eigene Verantwortung und hin zu einem mit anderen verbundenen, gemeinsamen Handeln viel eher der Schlüssel zu einer Lösung in unser aller Interesse ist.

Dies setzt allerdings voraus, dass wir unsere gegenseitigen Be- und vor Allem Abwertungen aufgeben und das Menschliche in jedem von uns wahrnehmen und gelten lassen. Geben wir unseren eigenen Unzulänglichkeiten und auch denen von anderen Raum zum Menschsein und Lernen und wir werden immer mehr dazugewinnen, was wir dann auch miteinander teilen können.

Bevor ich Ihnen hierzu eine Praxis-Übung, den „Blickpunktwechsel" zur Verfügung stelle, die Sie sowohl allein als auch mit einer weiteren Person durchführen können, noch ein paar abschließende Worte zum Abhängigkeitsempfinden.

Wie ich bereits weiter oben angemerkt habe, handelt es sich hier um ein sehr weitverbreitetes, wenn nicht gar gesellschaftsweites Thema, das zu einer immer weiteren Spaltung der Gesellschaft, so wie wir sie ja schon seit längerem erleben, beiträgt. Die Gründe hierfür sind sehr vielschichtig und lassen sich u.a. auch in der historischen Entwicklung unserer Gesellschaften weltweit finden.

Es gibt dieses Abhängigkeitsempfinden in den unterschiedlichsten Ausprägungen bis hin zu einer faktischen Substanzabhängigkeit, doch auch so etwas wie Kauf- oder Spielsucht gehören zu diesem Regelkreis. Bezieht sich dieses Empfinden und Verhalten in erster Linie auf zwischenmenschliche Beziehungen, so kann auch dies wieder unterschiedliche Ausprägungen zeigen, man spricht dann von einer sogenannten Co-Abhängigkeit.

Derartige Beziehungen zeichnen sich in der Regel dadurch aus, dass sie keine wirkliche Wechselhaftigkeit bzw. Gegenseitigkeit beinhalten, sondern eine oft einseitige Dominanz eines Beteiligten zu beobachten ist, während die Bedürfnisse anderer wenig Beachtung finden. Zumeist ist dann Hilfe von außen nötig, um dieses Muster auflösen zu können.

TIPP: Sollten Sie das Gefühl haben, in diesem Bereich vor besondere persönliche Herausforderungen gestellt zu sein, so können Sie sich z.B. auch einer Selbsthilfegruppe wie von CoDA Deutschland anschließen. Und bzw. oder den dortigen täglichen begleitenden Mailservice mit Tagesmeditationen nutzen, der schon vielen Menschen eine gute Orientierung auf ihrem Weg in die eigene Autonomie geboten hat: https://www.coda-deutschland.de/

Übung 8: Blickpunktwechsel (Stuhlaufstellung)

Denken Sie an eine bestimmte Situation mit einem anderen Menschen, die für sie unbefriedigend verlaufen ist bzw. in der sie sich unwohl fühlten.

Wählen Sie drei repräsentative Stühle bzw. Sitzplätze aus, d.h. einen Stuhl für die Person mit der sie die Situation erlebt haben und einen weiteren Stuhl für sich selbst, den Sie dem ersten gegenüberstellen. Stellen sie den beiden Stühlen dann noch einen dritten Stuhl, den eines neutralen Beobachters, zur Seite.

Nun setzen Sie sich auf den Stuhl, den sie für sich selbst ausgewählt haben, und fühlen sich noch einmal ganz in die ausgewählte Situation hinein.

Wahrscheinlich haben Sie sich in der ursprünglichen Situation zurückgehalten, bestimmte Dinge nicht ausgesprochen oder vielleicht auch Dinge ausgesprochen, die Sie lieber nicht gesagt hätten.

Machen Sie sich davon jetzt ganz frei und schildern Sie Ihren Standpunkt noch einmal, diesmal jedoch ganz frei ohne auf irgendetwas Rücksicht zu nehmen.

Spüren Sie dabei in sich hinein, was fühlen Sie? Welche Gefühle steigen in Ihnen auf? Drücken Sie diese Gefühle nun so aus, wie sie sich zeigen möchten, auch Schimpfworte sind erlaubt, wenn sie nun heraus möchten.

Gehen Sie dann wieder durch bewusstes und tiefes Atmen in den tiefen inneren Kontakt mit sich selbst und spüren noch einmal nach. Gibt es vielleicht eine ganz wesentliche Frage, die Sie ihrem Gegenüber nicht stellen konnten? Dann notieren Sie sich diese.

Nun wechseln Sie auf den Stuhl Ihres Situationspartners.

Es ist wichtig, dass Sie dies auch wirklich körperlich tun, und nicht am bisherigen Ort bleiben, denn nur so wird Ihnen ein entsprechender Wechsel des Bewusstseins möglich werden. Und nun fühlen Sie sich voll und ganz in Ihr Gegenüber ein. Stellen Sie sich dabei z.B. die nachstehenden Fragen:

- Was für ein Lebensgefühl hat dieser Mensch?
- Wie viel Selbstvertrauen besitzt er?
- Wie mag er sich wohl in seinem Privatleben fühlen?
- Welchen Belastungen hält er stand, welche Bedürfnisse erfüllt er?
- Was sind seine Ziele und Erwartungen, welche Visionen und Herzensanliegen verfolgt er?
- Für was brennt seine Leidenschaft?
- Was lehnt er ab?
- In welchen Situationen fühlt er sich vielleicht sogar bedroht?

Lassen Sie sich hierbei Zeit, so dass sie sich wirklich lebendig in die andere Person hineinversetzen können. Hierbei geht es mehr um das Erspüren, als das hundertprozentig korrekte Abbilden.

Sobald Sie das Gefühl haben, ihren Situations-Partner weitestgehend zu verkörpern, schildern Sie die ganze Situation in der Ich-Form aus seiner Sicht noch einmal und gehen hierbei auch darauf ein, wie diese Person ihre Beziehung empfindet.

Dies mag beim ersten Mal noch ungewohnt sein, doch je öfter Sie dies üben, umso leichter wird es Ihnen fallen. Machen Sie sich hierzu auch ruhig Notizen, darüber was sie in der Situation Ihres Gegenübers gefühlt, gespürt und vielleicht auch gedacht haben.

Sie können diese Übung natürlich auch gemeinsam mit einer anderen Person machen, die sie dann dieser Anleitung folgend begleitet. Hierbei ist es durchaus von Vorteil, wenn zumindest schon einer von Ihnen etwas Erfahrung mit Stuhlaufstellungen hat.

Nun ist es gut eine kleine Pause zu machen, vielleicht einmal das Fenster zu öffnen und etwas frische Luft zu schnappen und sich ein wenig zu bewegen. Treten Sie dabei bitte wieder ganz aus der Rolle ihres Gegenübers heraus, ohne allerdings in ihre eigene Rolle zurückzutreten.

Denn nun ist es an der Zeit, dass sie auf dem dritten, seitwärts stehenden Stuhl, die Position eines neutralen Beobachters einnehmen. Stellen Sie sich also vor, wie eine diese Situation von außen betrachtende Person ohne eigene Beteiligung hieran diese wahrnimmt.

Schauen Sie aus dieser neutralen Position sowohl auf sich selbst als auch auf ihr Gegenüber. Gelingt es ihnen, bestimmte „Reiz-Reaktions-Muster" zu erkennen? Wie fühlt es sich an sich selbst von außen zu betrachten? Und wie fühlt es sich an ihr Gegenüber ohne eigene emotionale Beteiligung zu betrachten? Lassen Sie auch dies wieder in Ruhe auf sich wirken und machen sich hernach wieder einige Notizen dazu.

Wiederholen Sie diese Übung immer wieder für Situationen, die für Sie schwierig waren oder sind und sooft Sie mögen.

Kapitel 9 - Vertrauen in das Selbst und Hingabe an das Leben

„Liebe ist die Fähigkeit und Bereitschaft,
den Menschen, an denen uns gelegen ist,
die Freiheit zu lassen, zu sein,
was sie sein wollen, gleichgültig,
ob wir uns damit identifizieren
oder nicht."
George Bernhard Shaw

Im vorigen Kapitel hatte ich bereits einmal die (gemeinsame) Hingabe an das Leben angesprochen. Und wahrscheinlich ist auch bei Ihnen die Frage entstanden, wie dies nun eigentlich geschehen kann.
Insbesondere, wenn auch Sie zu den Menschen gehören, die sich bei einem solchen Versuch gern auch „selbst verlieren", was bedeutet, den Interessen und Bedürfnissen anderer Beteiligter quasi „automatisch", also unbewusst mehr Aufmerksamkeit und auch Raum zukommen zu lassen, als Ihren eigenen. Eine Eigenschaft, die insbesondere bei Frauen oft ausgeprägter ist als bei Männern.

An dieser Stelle macht es durchaus Sinn, einmal recht weit in unsere menschliche Vergangenheit zu schauen. Damit meine ich unsere Ursprünge als „Sammler", dies war ursprünglich die Rolle der Frauen, und „Jäger", die ursprüngliche Rolle der Männer.
Wenn wir uns dieses Bild vergegenwärtigen, wird schnell offensichtlich, dass diese beiden Rollen völlig unterschiedliche, und auf den ersten Blick auch sogar gegensätzliche erscheinende Eigenschaften und Fähigkeiten erforderten.

Auch wenn seitdem sehr viel Zeit vergangen ist und auch wir Menschen durch einen vielfältigen evolutionären Prozess gegangen sind, der uns nahezu unvorstellbare Neuerungen bis hin zur beginnenden Erschließung des Weltraums ermöglicht hat, so finden wir diese alten Strukturen auch heute noch in uns wieder.
Vielleicht haben Sie schon einmal davon gehört, dass unseren beiden Hirnhälften, auch Hemisphären genannt, grundsätzlich weibliche und männliche Prägungen zugeordnet werden.

So spricht man bei der linken Gehirnhälfte gern auch von der männlichen Hemisphäre, bei der rechten dagegen von der weiblichen. In dieser Betrachtung findet sich genau die eingangs erwähnte Unterscheidung zwischen den mehr weiblichen und männlichen ursprünglichen Rollenzuordnungen wieder.
Zugleich macht dieses Bild deutlich, dass diese Eigenschaften in allen von uns vorhanden sind, egal mit welchem Geschlecht wir körperlich oder auch seelisch identifiziert sind. Was uns nur eben nicht immer und zu jedem Zeitpunkt unseres Lebens klar ist.

Zur Verdeutlichung nachstehend eine kleine **Zuordnungstabelle** bestimmter, ausgewählter Begriffe. Diese Tabelle kann natürlich weder Anspruch auf hundertprozentige wissenschaftliche Korrektheit noch auf Vollständigkeit erheben, denn dazu sind wir Menschen einfach viel zu komplexe Wesen. Sie enthält insofern nur das aus meiner Sicht für unseren Kontext Wesentliche:

links / männlich / ♂

- ∞ Sprache
- ∞ Lesen / Schreiben
- ∞ Details
- ∞ Mathematik
- ∞ Risiko = Gefahr
- ∞ Kontrolle
- ∞ Logik
- ∞ Analyse
- ∞ Lineare Info-verarbeitung
- ∞ Kausalität

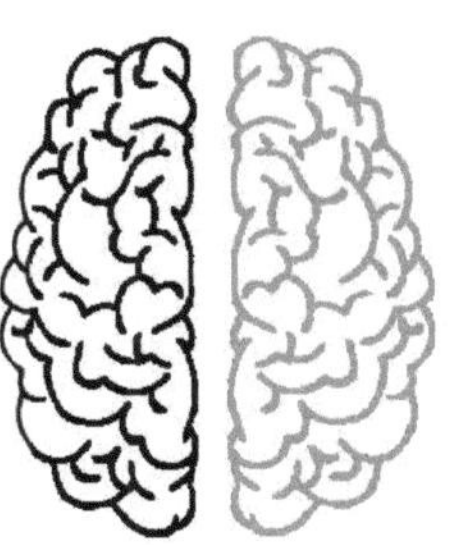

rechts / weiblich / ♀

- ∞ Bilder
- ∞ Formen, Gesichter
- ∞ Ganzheit
- ∞ Struktur
- ∞ Risiko = Leben
- ∞ Hingabe
- ∞ Vorstellungskraft
- ∞ Gefühl / Intuition
- ∞ zirkuläre Info-verarbeitung
- ∞ ganzheitliche Verbundenheit

Im linken, sogenannten männlichen Teil unseres Gehirns findet also die Wahrnehmung und Verwendung von Sprache, damit auch das Lesen und Schreiben, und zwar im Detail, statt. Genauso ist dort unsere Fähigkeit angelegt, unsere Umwelt mithilfe der Mathematik (messen, zählen, wiegen) zu beschreiben und zu verstehen. Dieser Teil unseres Gehirns „interpretiert" Risiko als Gefahr, genauso wie die Begegnung mit einem Säbelzahntiger während der Jagd in Urzeiten auch tatsächlich eine Gefahr für den jeweiligen Jäger darstellte. Und um dies, also das Risiko sein Leben zu verlieren, zu vermeiden, war es nur ganz natürlich und eine sehr nützliche Eigenschaft, die lebenswesentlichen Situationen (= Jagd und Schutz des Stammes, also be-herrschen) durch eine kausalorientierte und logische Analyse unter Kontrolle zu bringen. Und natürlich auch linear, denn ein einziger Säbelzahntiger reichte schließlich, um einem Jäger den Garaus zu machen, da konnte das Erfassen anderer Begleitumstände eigentlich nur vom Wesentlichen ablenken.

Nun zum rechten Teil unseres Hirns, dem „weiblichen".

Die Aufgabe unserer Ahninnen bestand neben dem Sammeln von pflanzlichen Nahrungsbestandteilen auch darin, neues Leben durch das Austragen und die Geburt von Kindern in die Welt zu bringen. Und natürlich auch den Nachwuchs zu versorgen und ihn auf ein Leben in der Gemeinschaft vorzubereiten. So zeigt sich hier sehr direkt, wie wichtig eine ganzheitliche Betrachtung, Akzeptanz und Verarbeitung aller Lebenszusammenhänge für die ursprüngliche weibliche Rolle war.

Da Kinder zunächst ohne Sprache auf die Welt kommen und es für sie wichtig ist, sich an ihre Mütter binden zu können – so sichern sie von ihrer Seite aus ihre eigene Versorgung -, scheint es auch recht sinnvoll, dass ihre Mütter ebenfalls auf dieser Wellenlänge „funken", auf der sie ihre Kinder dann in die weitere Welt begleiten: Bilder, Formen, Farben, Gesichter / Mimik und Klänge.
Zudem brauchen Kinder auch eine gewisse am Lebensprozess orientierte Struktur, um sich optimal entwickeln zu können. Um dann später selbst einmal zum Überleben ihres Stammes beitragen zu können.

Jede Geburt bedeutete zugleich auch ein (Überlebens-) Risiko für die Mütter. Sie konnten also ihrer natürlichen Rolle gar nicht gerecht werden, ohne sich von vornherein und im Vertrauen auf ihre eigene Einordnung in ein größeres Ganzes - nämlich das Leben als solches - diesem auch rückhaltlos hinzugeben. Dabei war es für sie auch notwendig, aus dem Gefühl, der Intuition heraus, entscheiden zu können, wann es zum Beispiel an der Zeit war, sich zurückzuziehen, um ein Kind auf die Welt zu bringen. Und wann es in diesem Prozess notwendig war, das Kind mit eigener Kraft herauszupressen oder eben auch zwischendurch immer wieder Luft und Kraft zu schöpfen und sich von anderen Frauen unterstützen zu lassen.

Aus evolutionsgeschichtlicher Sicht erscheint diese hirntechnische „Aufteilung“ also durchaus nachvollziehbar und sinnvoll. Und vermutlich war die rechte Hirnhälfte bei den „Ur“-Frauen die aktivere und bei den „Ur“-Männern die linke.
Eine These, die natürlich nicht unterlegbar ist, denn bei allem Fortschritt der Wissenschaft werden wir keine Hirnscans aus dieser Zeit nachholen können.
Was jedoch auch nicht weiter schlimm ist, denn schließlich soll diese Form der Anschauung ja nur als Erklärungsmodell für ein leichteres Verständnis der für uns noch heute wesentlichen Zusammenhänge dienen.

Ja, wie steht es denn eigentlich heute, im Hier und Jetzt, mit uns SELBST, unseren jeweiligen männlichen und weiblichen Eigenschaften, deren Balance und unserer eigenen Hingabe an das Leben?

Wenn wir uns umschauen, so scheinen die meisten Menschen eher wenig Vertrauen in ihr Selbst zu haben und sind vielmehr mit all den Rollen identifiziert, die sie zu erfüllen versuchen. Nie scheint der Tag lang genug zu sein. Die Gelegenheiten, zur Ruhe zu kommen und in sich selbst hineinzuspüren, sind selten und schon gar nicht selbstverständlich. Es ist die Leistung, die zählt. Und das, was man sich „leisten kann“. Selbst in der sogenannten „Freizeit“ herrscht inzwischen vorwiegend Leistungs- und gesellschaftlicher Druck.

Fast macht es den Eindruck, als würden wir uns davor fürchten, uns selbst und auch einander ehrlich zu begegnen. Kann es sein, dass die meisten von uns inzwischen „vergessen“ haben, wer sie wirklich sind? Und was ihre wirklichen und grundlegendsten Bedürfnisse sind? Und was ihnen im Leben wirklich, wirklich, so aus tiefstem Herzen heraus, wichtig ist?
Kann es sein, dass wir eher in Gedankenkonstrukten, mentalen Vorstellungen von uns selbst, leben und uns dann wundern, dass die sogenannten „Zivilisationskrankheiten“ immer weiter um sich greifen, weil wir dem Spüren des Lebens in uns keinen Raum mehr geben?
Können wir uns SELBST, unsere Kinder und auch einander überhaupt noch spüren?

Und wissen wir noch, wie es sich anfühlt, in unserer Mitte zu sein? Aus dieser Mitte zwischen scheinbaren Gegensätzen heraus auch authentisch zu leben und andere genauso aus ihrer eigenen Mitte, ihrem SELBST, heraus leben zu lassen?

So vieles scheint für viele Menschen Gegensätze zu bilden, die sich ausschließen. Dabei handelt es sich zumeist nur um unterschiedliche Ausprägungen derselben „Dinge", deren lebendige und flexible Ausgewogenheit wirkliches, verinnerlichtes (Er-)Leben erst möglich macht.

Diese Ausprägungen und deren Schattierungen existieren in jedem/r Einzelnen von uns und natürlich ist es zuweilen auch mit Scham- oder Schuldgefühlen verbunden, sich selbst dabei zu ertappen, etwas getan, gesagt oder unterlassen zu haben, was so nicht mit unseren eigenen Wertvorstellungen übereinstimmt. Nun, wir sind alle nur Menschen, und dies gehört nun einmal zum Menschsein dazu. Und ab und an sollten wir uns ruhig selbst verzeihen können, auch nur ein Mensch zu sein. Mit allem, was dazu gehört, also auch Fehlern und Schwächen.

Und so brauchen wir alle auch eine tragfähige Balance zwischen unseren eigenen männlichen und weiblichen Anteilen, um aus falschen Abhängigkeiten heraustreten zu können. Und trotzdem geht auch dies ab und an ganz gründlich daneben.

Wie gut, wenn wir dann in der Lage sind, unser Verhalten selbst beobachten und wahrnehmen zu können. Denn dies bildet die Grundlage, alte und wenig dienliche Verhaltensmuster und Gedankenkonstrukte loslassen zu können. Und wenn wir Glück haben, können wir sogar gemeinsam mit den Menschen, an denen uns gelegen ist, darüber lachen.

Wie sieht es aus, haben Sie nun Lust, sich jetzt erst einmal auf eine Übung einzulassen, die Sie zu ihrem „leichten Herzen" führen kann?

Übung 9: Dem eigenen Herzen (wieder) vertrauen

Suchen Sie sich wieder einen Ort an dem Sie für einige Zeit ungestört sind. Machen Sie es sich auf einem Stuhl bequem, richten sie Ihren Rücken gerade auf und stellen Sie beide Füße parallel zueinander in etwa hüftbreit auseinander.

Wenn Sie eine bequeme und aufrechte Haltung gefunden haben, schließen Sie langsam und sanft ihre Augen. Beginnen Sie nun zunächst mit der Ihnen schon bekannten natürlichen Vollatmung. Lassen Sie ihren Atem sanft durch die Nase einströmen und durch den Mund wieder hinaus. Achten Sie darauf auch jetzt wieder tief in den Bauch und von dort aus hoch bis in die Lungenspitzen einzuatmen.

Nun legen Sie beide Hände auf ihren Brustkorb und atmen ruhig und gleichmäßig weiter. Ihre Hände liegen nun also übereinander auf ihrer Brust direkt auf Ihrem Herzen. Vielleicht können Sie es sogar sofort schlagen spüren. Den Herzschlag des Lebens in Ihnen selbst. Genießen Sie diesen Moment ruhig ein wenig.

Und fühlen Sie nun auch ihre Füße, wie sie fest auf dem Boden stehen, verbunden mit der Erde.

Nun gehen sie mit ihrer Aufmerksamkeit wieder zurück zu Ihrem Atem. Achten Sie darauf, dass er weiter langsamer und tiefer fließt als sie normalerweise atmen.

Und nun stellen Sie sich vor, wie ihr Atem durch ihr Herz in ihre Brust fließt und auch aus Ihrem Herzen wieder hinaus. Und dabei alle Schwere mitnimmt, die sich dort vielleicht angesammelt hat. Ein Gefühl, als würden sie mit Ihrem lebendigen Herzen ein- und ausatmen, das dadurch immer leichter wird.

Spüren Sie diese Verbindung zu Ihrem Herzen, die Vertrautheit mit dem Leben, das dort in Ihnen wohnt. Und spüren Sie, wie wohl es tut, das eigene Herz schlagen zu spüren, ganz leicht, und nicht nur dann, wenn es Ihnen sprichwörtlich „bis zum Halse schlägt".

Nehmen Sie wahr, wie sie innerlich mehr und mehr zur Ruhe kommen, und auch ihr Herzschlag immer ruhiger und gleichmäßiger wird.

Und wenn Sie soweit sind, wieder zurück in ihren Alltag zu gehen, holen sie noch einmal tief Luft und lassen diese ein letztes Mal aus Ihrem Herzen fließen. Öffnen Sie nun langsam und sanft wieder Ihre Augen und kehren Sie erleichterten Herzens wieder in Ihren Alltag zurück.

Gönnen Sie sich diese kleinen Verbindungspausen mit ihrem eigenen Herzen so oft es Ihnen in Ihrem Alltag möglich ist und gut tut.

Wenn Sie nach einiger Zeit mit dieser Übung schon gut vertraut sind und sie auch richtig genießen können, dann können sie auch beginnen, ein wenig zu spielen. So können Sie sich beispielsweise nachdem sie bereits etwas zur Ruhe gekommen sind, eine unangenehme Situation der letzten Tage ins Bewusstsein holen. Und einfach beobachten, ob dies Auswirkungen auf ihren Herzschlag. Vermutlich wird ihr Herz beginnen etwas schneller zu schlagen, ein völlig normaler physiologischer Prozess, der also in Ordnung ist.

Konzentrieren Sie sich dann wieder nur auf Ihre „Herzatmung" und lassen die Luft ganz sanft fließen. Beim Ausatmen stellen Sie sich wieder vor, wie die Belastung aus der Situation, an die Sie zuvor dachten, wieder mit aus Ihrem Herzen hinaus fließt.
Beobachten Sie, wie sich ihr Herzschlag wieder ausgleicht, verlangsamt und ganz regelmäßig wird. Vielleicht müssen Sie dies auch erst noch ein paar Mal üben, jedoch sollte es Sie in keinem Fall anstrengen.[*)]

Wenn Sie möchten, können Sie dies auch noch ein- bis zweimal wiederholen und so diese positive Erfahrung, dass ihr Herz ganz zuverlässig für Sie arbeitet und auf ihre Signale reagiert, noch besser verinnerlichen. Genießen Sie auch das. Und üben Sie dies, bis auch Sie die Signale Ihres Herzens (wieder) wahrnehmen.

Denn es ist wirklich so und auch wissenschaftliche Forschungen haben es bestätigt: es ist unser Herz, das den jeweils richtigen Weg für uns kennt und ihn uns auch zeigt – sofern wir bereit und auch in der Lage sind, diese Signale zu erkennen, anzunehmen und auch umzusetzen.

Hierbei wünsche ich Ihnen: guten Erfolg ♥ !

[*)] ***Sofern Sie an einer Herz- Kreislauf-Erkrankung leiden, stimmen Sie bitte mit Ihrem behandelnden Arzt ab, inwieweit diese Übung für Sie geeignet ist.***

Kapitel 10 - Sicherheit im Hier und Jetzt

Die ewige Gegenwart ist der Raum,
in dem sich dein gesamtes Leben abspielt,
die einzige Kraft, die beständig ist.
Leben ist Jetzt.
Eckhart Tolle[2]

Haben Sie bei der letzten Übung, bei der es darum ging, bewusst das eigene Herz wahrzunehmen und den eigenen Herzschlag zu spüren, vielleicht so etwas wie ein Unsicherheitsgefühl oder zunächst ein leichtes Unbehagen gefühlt? Oder eher etwas, das sich wie Entdeckungslust oder kindliche Neugier anfühlte?

Das alles darf sein, und noch mehr. Und alles, was sich zeigt, ist in Ordnung. Es ist ein Zeichen für den nächsten Schritt, der für Sie genau jetzt in die richtige Richtung führen kann.

Sie fragen sich vielleicht, wie dies denn sein soll. Nun, es ist unser Unbewusstes, das quasi „in unserem Körper wohnt", allerdings nicht in der für uns gewohnten sicht- oder (an)fassbaren Form, sondern in energetischer Form. Und es ist für uns insofern auch nur auf dieser Ebene (er-)fassbar: durch Gefühle, Empfindungen und auch Gedanken(~blitze), die ganz plötzlich „wie aus dem Nichts" auftauchen und von denen wir nicht wissen, woher sie eigentlich kommen.

All dies sind Impulse von unserem Unbewussten. Und sobald wir diese wahrnehmen können, sie also in unserem Bewusstsein auftauchen, können sie tatsächlich unser „Leitstern" werden. Ein erstes Beispiel zum Umgang damit haben wir uns bereits in **Kapitel** bzw. **Übung 7** angeschaut, den kinesiologischen Muskeltest.

Denn unser Körper „weiß" tatsächlich genau, was er sich und uns, also unserem gesamten System zumuten kann. Dies hat die Natur genauso und damit ziemlich perfekt eingerichtet.

Versuchen wir nun, wie wir es sooft tun, Herausforderungen allein aus unserem Verstand zu begegnen, so verlieren wir uns sehr leicht in reinen

---

[2] Jetzt! Die Kraft der Gegenwart

Gedankenkonstrukten. Doch diese vermögen die wesentlichen Zusammenhänge zur Lösung und auch den Gesamtrahmen, in welchem diese (nur) Früchte kann, gar nicht vollständig zu erfassen.

Denn wir „verlieren" uns dann allein und unausgewogen in unserer linken Hirnhälfte (vgl. **Kapitel 9**). Und erfassen so maximal „die halbe Wahrheit". Wir erleiden dann zumeist eine (weitere) Enttäuschung, oft verbunden mit dem bereits zitierten Gefühl „irgendwie hat es sich gleich so komisch angefühlt". Was insbesondere von uns Frauen des Öfteren auch ausgesprochen wird, doch durchaus auch „den Herren der Schöpfung" durchaus bekannt sein dürfte. Schließlich haben ja auch sie eine rechte Hirnhälfte. Und auch ein Herz, nicht wahr?

Und so passiert es uns bei jeder Entscheidung, die wir rein aus dem Verstand treffen, dass das Ergebnis immer öfter nicht wirklich unseren Erwartungen entspricht. Wir werden immer frustrierter. Denn haben wir nicht gelernt, Misserfolg und Frustration auch als Lernchance zu begreifen, wird sich unsere Frustration und Verunsicherung mit jeder nicht erfüllten Erwartung unsererseits nur noch mehr steigern. Und so kann es dann auch vorkommen, dass wir diese Frustration gern auch einmal an anderen auslassen und ein kleines oder auch größeres Drama aus Schuldzuweisungen „inszenieren" um „Dampf abzulassen". Worin so etwas wiederum zumeist begründet ist, und wie wir damit für uns selbst umgehen können, hatten wir uns schon **Kapitel 6** angeschaut.

Was unterscheidet nun Menschen, die immer wieder in für sie selbst und oft auch für andere frustrierende Situationen geraten und sich dies gar nicht erklären können, von anderen Menschen, die man als „resilient", also im guten Sinne widerstandsfähig, bezeichnen könnte?

Die vielbeschworene „Durchsetzungskraft" ist es wohl nicht, denn sie wird zumeist eher in einer Form gelebt, die keine Rücksicht auf die Interessen anderer nimmt, eher eine „Ellbogenmentalität" fördert und ebenfalls auf – meist gut maskierter – Unsicherheit beruht.

Ja, wie die Überschrift des Kapitels schon vermuten lässt, ist dies eher ein – immer in Bezug auf bestimmte Situationen - ausreichend ausgeprägtes Sicherheitsgefühl. Dieses tragen resiliente Menschen in sich. Dabei muss sich dieses Gefühl sich nicht gleich auf alle Lebenssituationen, die uns begegnen können, beziehen, denn Resilienz ist erlern- und trainierbar. Wir können also mehr oder weniger resilient sein, und wir können in

bestimmten Situationen sehr verunsichert, in anderen dagegen mit einem fundierten Sicherheitsgefühl („dies wird mich nicht umbringen, sondern stärker machen“) re-agieren und haben dadurch die Möglichkeit, dann auch weiter dazuzulernen.
Was wir in einem Zustand von stärkerer Verunsicherung und auch Angst gar nicht können. Denn dann verweigert unser System grundsätzlich die Aufnahme von Neuem und bisher nicht Bekanntem, weil es damit beschäftigt ist, nach einer vermeintlichen Bedrohung Ausschau zu halten. Wir haben dann einen „Tunnelblick“ und können nur noch eins nach dem anderen, also linear, wahrnehmen. Alles außerhalb dieses Blickfeldes empfinden wir als „zuviel“ und wehren dann schließlich auch ab.

Wodurch wir dann schließlich auch nicht mehr in der Lage sind, wirklich alle Möglichkeiten, die uns eigentlich zur Verfügung stehen, wahrnehmen zu können. Das nachstehende Schaubild zur Wahrnehmung von Lösungsmöglichkeiten veranschaulicht diesen Zusammenhang:

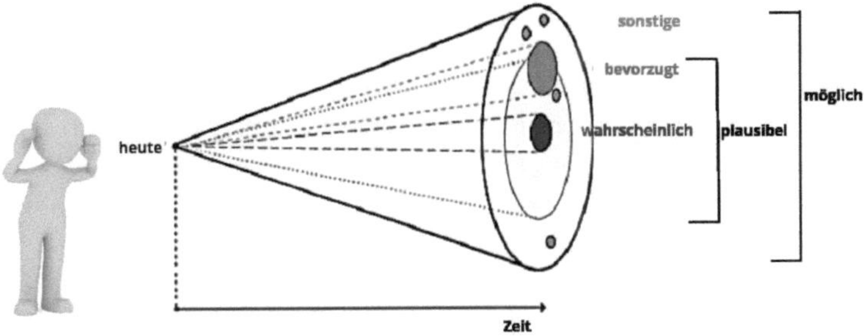

Und da wir diese in der Zukunft liegenden Lösungen also gar nicht sehen können, werden wir natürlich auch jetzt nicht in diese Richtung handeln.

Ein Kreislauf, aus dem wir uns nur selbst und in eigener Verantwortung und aus eigenem Antrieb befreien können.
Dies bedeutet natürlich nicht, dass wir dabei auf die Unterstützung von anderen verzichten sollten. Nein, im Gegenteil, gerade hierbei brauchen wir ja die liebevolle Unterstützung und die Blickwinkel der anderen. Doch wir selbst müssen diese Veränderung zunächst einmal überhaupt wollen (s. **Kapitel 7**, „Der eigene Wille“).

Doch nun zurück zum Sicherheitsempfinden. Worin ist unser Sicherheitsempfinden nun eigentlich grundsätzlich begründet? Und warum brauchen wir dies überhaupt?

Fassen wir die Antwort zur zweiten Frage als erstes zusammen: In **Kapitel 5** hatten wir im Zusammenhang mit der **Vollatmung** bereits gesehen, dass unser Körpersystem Sicherheitsimpulse braucht, um sich wieder „nähren" zu können, anders und etwas fachspezifischer ausgedrückt: in eine gesunde Homöostase „schalten" kann. Und wir hatten etwas weiter oben in diesem Kapitel auch schon gesehen, dass dies genauso auch für unser Lernverhalten bzw. für unsere Fähigkeit lernen zu können, gilt. Wir können auch nur dann auf gesunde und nachhaltige Weise lernen, wenn wir uns „sicher" fühlen.

Natürlich gibt es auch so etwas wie „Drill", mit dem man Menschen etwas „einprägen" kann, doch dies ist kein Lernen im eigentlichen Sinne, sondern fällt eher unter den Begriff „Abrichtung". Und gehört daher aus meiner Sicht zu genau den Zusammenhängen, die im Licht eines erweiterten Bewusstseins keinen Raum mehr finden werden.

Im recht urtümlichen Zustand der durch Angst ausgelösten „Kampf- oder Fluchtbereitschaft" bis hin zur in einer im späteren Verlauf auch möglichen Erstarrung, mit der unser autonomes Nervensystem auch heute noch reagiert, erfolgt also keine, wie auch immer geartete Aufnahme von neuen, lebensfördernden Stoffen oder sonstigen Inhalten in unser Gesamtsystem. Wir sind dann vielmehr in jeglicher Hinsicht auf Kampf oder Flucht, also die Verteidigung des sogenannten „nackten Überlebens" eingestellt.

Auch neue Informationen prallen dann also an uns ab und wir versuchen, eine weitere Verunsicherung zu vermeiden, indem wir einfach behaupten, unsere Meinung sei die einzig richtige. Basta! Und geben damit unseren eigenen inneren Druck an unser Umfeld weiter.

Hierin liegt übrigens auch ein Mechanismus, der die Bildung von extremistischen Gruppen und auch Verschwörungstheorien erklären kann: Menschen vermitteln einander ein Gefühl der Sicherheit, indem sie Meinungen teilen.
Und oft tun sie dies auch, ohne diese Meinungen zu überprüfen. Zum Beispiel ganz unbewusst aus Sympathie heraus. Oder, sobald sie auf eine vermeintlich starke Führungsfigur treffen, die ihnen ein – wenn auch nur

scheinbares - Gefühl der Sicherheit vermittelt. Sie schließen sich dann oft reflexhaft dieser Meinung einfach an – und fühlen sich dadurch wieder sicher. Das Gemeinschaftsgefühl mit anderen, die dies ebenso tun, untermauert das Sicherheitsgefühl zusätzlich und meist auch ausreichend.
Allerdings nur bis zu dem Moment, wo diese „gemeinsame" Meinung in Frage gestellt wird – dann sind diese Menschen oftmals bereit, mit allen möglichen und unmöglichen, sogar sehr gewalttätigen, Mitteln für diese Meinung zu kämpfen. Denn wirkliche Argumente für diese Meinungen gibt es oft kaum, sie fußen mehr darauf, Feindbilder über andere zu vermitteln, um von den eigenen Schwächen und Defiziten abzulenken. Und so wird ein Hinterfragen des Weltbildes durch Mitglieder solcher Gruppen von vornherein vehement unterbunden und außenstehende Andersdenkende werden gern zu Feinden erklärt.

Wenn Sie sich mit diesem Thema noch mehr im Details befassen möchten, so kann es hilfreich sein, sich mit zwei psychologischen Fachbegriffen zu beschäftigen, und zwar der „kognitiven Dissonanz" und der „psychosozialen Abwehr", letztere im beruflichen Zusammenhang gern auch als Mobbing bezeichnet.

Der Schlüssel im Umgang mit solchen im Grunde sehr selbstunsicheren Menschen liegt darin, ihnen auf eine andere Weise Sicherheit zu vermitteln und sie anzuleiten, eine immer größere Sicherheit aus sich selbst heraus entwickeln zu können – ohne jedoch sich selbst von ihnen vereinnahmen zu lassen. Viele Resozialisierungsprogramme für straffällig gewordene Jugendliche sind inzwischen Gott sein Dank zum Beispiel schon so aufgebaut und werden sich hoffentlich auch in Deutschland bald immer mehr durchsetzen.

Bitte versuchen Sie in dieser Hinsicht allerdings nicht, solchen Menschen selbst „mal eben" helfen zu wollen oder mit ihnen zu diskutieren. Denn diesen Zusammenhängen liegen vielfältige unbewusste und zugleich sehr manipulative Muster zugrunde. Und so könnten Sie sich dann unvermittelt selbst von ausgeübter Gewaltbereitschaft betroffen sehen. Zunächst zumeist in verbaler Form, allerdings auch bis hin zu physischer, also wirklich körperlicher Gewalt.

Es bedarf – neben einem umfassenden rationalen Verständnis der Zusammenhänge und einer Empathiefähigkeit auch gegenüber derart strukturierten Menschen - auch einer begleiteten Erfahrung, bei der die eigenen möglichen „Verstrickungspunkte“ zuvor und auch während einer solchen Tätigkeit angeschaut und aufgelöst werden können. So dass auch eine hinreichende Distanzfähigkeit besteht. Vor allem können wir erst durch eine ausreichende Distanzfähigkeit erkennen, ob es sich bei unserem „Hilfsobjekt“ überhaupt um einen Menschen handelt, dem geholfen werden kann. Denn auch dies ist nicht immer der Fall.

Nun noch einmal zurück zum Thema Auswirkungen von Unsicherheit und Stress auf unser **autonomes Nervensystem**. Autonom bedeutet, dass dieser Teil unseres Nervensystems völlig selbstständig und ohne jegliches Zutun unsererseits funktioniert. Und zwar so, wie er das „schon immer getan hat“. Wenn wir selbst Einfluss auf seine Funktionen nehmen wollen, so können wir dies nur in „seiner Sprache“ erreichen. Nämlich durch bewusste Änderungsimpulse lebensnotwendiger Funktionen hin in einen „Sicherheitszustand“, z.B. durch die Nutzung der Ihnen bereits bekannten Vollatmung. Diskussion und anderweitige „Einsicht“ nicht möglich, hier gilt tatsächlich alternativlos und schlicht das „entweder - oder“, das uns ansonsten das Leben ganz schön schwermacht. Denn „es“ will immer nur **entweder unser Leben retten oder unser Leben erhalten/erneuern**. Sowohl als auch geht hier tatsächlich nicht.

Und so wird in dem schon mehrfach beschriebenen Zustand der Kampf- und Fluchtbereitschaft, der einer starken Aktivierung unseres Sympathikus, einem Hauptbestandteil unseres vegetativen Nervensystems, entspricht, zum Beispiel auch unser Verdauungsprozess angehalten oder sogar unterbrochen. Wir bekommen dann Magenbeschwerden, leiden unter Übelkeit. Bei sehr starker Belastung kann dies auch zu Durchfall und sogar Erbrechen führen, denn ein leichterer Körper kann nun einmal besser davonlaufen.

Was uns in manch unangenehme Situation bringen kann. Doch Sie wissen ja jetzt, dass Sie auch dies mit etwas Übung selbst steuern können.

Weiteres zu diesen für uns sehr alle wesentlichen Zusammenhängen und dem konstruktiven und lösungsorientierten Umgang damit finden Sie in dem im Anhang aufgeführten Buch von Ulrike Balke-Holzberger.

Nehmen wir also die Ängste und Verunsicherungen, die in uns immer mal wieder auftauchen können an, als dass, was sie meistens sind: Schatten der Vergangenheit, die wir im Hier und Jetzt selbstständig auflösen können, sobald wir gelernt haben, wie dies geht.

Und wenn dies einmal nicht so ganz leicht ist: es ist durchaus kein Zeichen von Schwäche, sondern ein Zeichen von Stärke, sich auch helfen zu lassen.

Vergessen wir hierbei auch nicht, dass das Aufsuchen und Genießen der Stille und der Aufenthalt in der Natur uns unglaublich guttun, um wieder mit uns selbst in Kontakt zu kommen: Abseits aller Konzepte kommen wir hier mit dem uns innewohnenden, wahren Kern allen Lebens in Bezug, den uns vor Allem die Natur immer wieder auf so heilsame Weise spiegelt.

Abschließend möchte ich Ihnen noch eine alltagstaugliche Übung zur grundsätzlichen Unterstützung Ihres Sicherheitsgefühls anbieten, die zugleich auch weitere körperliche Auswirkungen von Verunsicherung und Angst regulieren hilft. Hierzu zählt eine lockere Unterstützung eines erweiterten Blickfeldes und auch die leichte und sanfte Dehnung der Rücken- und Nackenmuskulatur. Gerade ohne sich dabei anstrengen zu müssen, sondern einfach um das Gefühl zu fördern „den Rücken frei" und „alles Wesentliche im Blick" zu haben.

Woraus sich dann mit der Zeit durchaus auch das Gefühl entwickeln darf, immer öfter vom Leben getragen zu werden. Wie ein Baby (vielleicht Ihr inneres Kind?) in den Armen seiner liebevollen Mutter oder seines liebevollen Vaters.

Und nun ist wieder Genießen angesagt.

TIPP: Verbinden Sie diese Übung gerne auch selbstständig mit der Vollatmung (**Übung 4**) oder der Erdungsübung (**Übung 6**).

Übung 10: Sicherheitsempfinden verbessern

Diese Übung können Sie sowohl sitzend auf einem Stuhl als auch stehend durchführen.

Wichtig ist bei beiden Varianten, dass Sie sie möglichst locker und ohne irgendetwas zu forcieren durchführen. Denn es geht ja um eine stetige und schrittweise, leichte Lösung von muskulären Anspannungen und einer damit einhergehenden Verbesserung Ihres Sicherheitsempfindens. Anstrengung, d.h. eine belastende und forcierte Bewegung wäre eher kontraproduktiv und sollte im Übrigen auch nicht ohne Anleitung durch eine entsprechend qualifizierte Person (Physiotherapeut, Osteopath etc.) durchgeführt werden.

Wenn Sie diese Übung regelmäßig durchführen, so werden Sie mit der Zeit feststellen können, dass Sie auch ganz ohne sich anstrengen zu müssen, zu einer immer besseren Dreh- und schließlich auch Beuge-beweglichkeit gelangen werden.

Ziel dieser Übung ist ein leichte Drehung der Körperachse, bei der auch der Blick mitgeführt wird, so als wollten Sie schauen, ob vielleicht jemand hinter Ihnen steht. Und so ist sie gerade am Anfang natürlich im Sitzen leichter durchführbar und auch durchaus „Büro-tauglich".

Setzen Sie sich bitte wieder gerade und aufrecht auf einen Stuhl, das Gewicht gut auf Ihren Gesäßknochen ausbalanciert und die Füße etwa hüftbreit nebeneinander auf dem Boden.

Legen Sie nun eine Hand, vielleicht zuerst die linke, an die Außenseite des gegenüberliegenden, rechten Oberschenkels, lassen den rechten Arm locker herunterhängen. Und nun drehen sie Ihren Oberkörper leicht mit nach rechts, halten den Kopf aufrecht und schauen leicht über ihre rechte Schulter, als ob Sie prüfen wollten, dass Sie „den Rücken frei haben".

Sehr gut!

Drehen Sie sich langsam wieder zurück in die Mitte, Blick nach vorn und spüren sie nach. Vielleicht gibt es ein leichtes Kribbeln in der rechten Schulter oder dem Arm. Vielleicht spüren Sie nun auch ihre linke Hand deutlicher. Oder eine leichte(!) Dehnung im Schulternackenbereich.

Alles darf sein, solange es nicht unangenehm ist oder gar schmerzt.

Gehen Sie achtsam mit sich und ihrem Körper um, und drehen Sie immer nur so weit, wie es sich noch mühelos anfühlt. Auch wenn dies zu Anbeginn nicht viel sein sollte. Bei regelmäßiger Übung werden Sie eine Erweiterung Ihres Bewegungsradius‘ bemerken.

Machen Sie nun die gleiche Übung zur anderen Seite, legen Sie also nun die rechte Hand, an die Außenseite des gegenüberliegenden, linken Oberschenkels und lassen den linken Arm locker herunterhängen. Drehen sie nun Ihren Oberkörper leicht mit nach links, halten dabei den Kopf weiter aufrecht und schauen Sie leicht über ihre linke Schulter, als ob Sie nochmals aus dieser Richtung prüfen wollten, dass Sie „den Rücken frei haben".

Und drehen Sie sich nun wieder langsam zurück in die Mitte. Atmen Sie tief durch und spüren Sie nun Ihre Mitte und alles, was sich nun zeigen möchte. Beobachten Sie dies einfach, ohne zu bewerten und bedanken Sie sich bei sich selbst für diese neue Erfahrung.

Mit der Zeit können Sie den Seitenwechsel ruhig auch mehrfach durchführen, doch bitte immer ganz behutsam und ohne jede Kraftanstrengung. Und seien Sie ruhig stolz auf sich, wenn Ihnen die Drehungen mit der Zeit immer spielerischer gelingen und sogar Freude machen.

Ihr Körper und Ihre Seele werden es Ihnen danken!

Kapitel 11 - Altes loslassen schafft Raum für Neues

Nicht urteilen
Nicht anhaften
Nicht widerstreben
Seneca

Nachdem wir auf dem Weg bis hierhin, in den zurückliegenden zehn Kapiteln, zunächst einen Verständnis-und Empfindungsrahmen für einen möglichen persönlichen Wandel skizziert haben, möchte ich nun mit Ihnen darauf schauen, wie sie sich selbst (ständig) Raum für einen erfolgreichen persönlichen Wandel schaffen können.

Denn dass sich bei einem einfachen „weiter wie bisher“ wie von selbst Wunder ereignen, ohne dass wir jeder(r) selbst auch unsere eigenen, konkreten Beiträge einbringen, zählt nun einmal eher in den Bereich des magischen Denkens unseres inneren Kindes (siehe auch Kapitel 8).

Die von uns im Laufe unseres Lebens erlernten und tief in unserem Unbewussten u.a. als

- ∞ Glaubenssätze,
- ∞ Emotionen,
- ∞ Gedanken- und
- ∞ Verhaltensmuster

verankerten Erfahrungen lassen uns viel zu oft an einer zwar in der Vergangenheit sehr zweckdienlichen Weltsicht festhalten. Ohne das diese jedoch gleichzeitig einen nachhaltig ausreichenden Spielraum für aktuelle und vielleicht sogar sehr notwendige Veränderungen gewährt.
Es bilden sich sogenannte „Paradigmen“, die eine Veränderung unserer Lebensbedingungen unerreichbar erscheinen lassen.

Auch diese Paradigmen-Bildung hat natürlich einen sehr ursprünglichen Sinn, denn so kann unser „System“ Erfahrungen, die unser Überleben in der Vergangenheit auf unterschiedlichste Art und Weise sichergestellt haben, zwecks Automatisierung abspeichern und so unser tägliches Leben grundsätzlich zu vereinfachen. Und so erhalten wir auch schon einen gewissen Spielraum, um uns auf Neuerungen einstellen zu können.

Wir brauchen nicht über jede Alltagshandlung erst nachdenken, sondern nur über das, was wirklich neu und bedenkenswert ist.

Insbesondere als junger Mensch können wir so ständig weitere Erfahrungen machen und in unser System integrieren, während unser Unbewusstes alles bereits Bekannte und Integrierte zur Steuerung unseres sogenannten *All*tags verwendet. Dies ist zunächst einmal sehr positiv.

Doch vielleicht stellen wir irgendwann fest, dass wir uns mit unserem bisherigen Leben „irgendwie" unwohl zu fühlen beginnen. Manchmal, weil sich die Welt um uns herum in einer Weise geändert hat, die uns nicht gefällt. Oft können wir es auch erst gar nicht richtig greifen, was es für eine Ursache haben könnte. Und haben vielleicht auch das Gefühl, dass irgendetwas mit uns selbst nicht stimmt. Auf jeden Fall möchten wir dann nicht alle Tage einfach so weiterleben wie bisher. Oder wir werden schließlich sogar durch eine Erkrankung „gezwungen" näher auf unsere Art der Lebensführung zu schauen.

Hierfür benutzen wir auch gern den Begriff der „Midlife-Crisis", zu Deutsch „Wechseljahre", oftmals beobachtet im Alter zwischen 45 und 50. Plötzlich tritt z.B. Verwirrung über unseren Lebenssinn auf, es zeigen sich physische und auch psychische Symptome, wie Schlafstörungen, Hitzewallungen, Rückenschmerzen und noch einiges mehr. Bei Frauen wird zumeist die hormonelle Umstellung in die Menopause als Grund angesehen. Doch warum betrifft dies dann genauso Männer?

Und warum geschieht so etwas überhaupt? Haben wir vielleicht etwas „falsch" gemacht, wenn wir selbst davon betroffen sind? Denn es betrifft ja auch nicht jeden Menschen. Gibt es dann vielleicht auch Möglichkeiten, dies verhindern und auch verändern zu können?

Hier scheint mir ebenfalls ein Blick in unsere Evolutionsgeschichte hilfreich zu sein. Denn wir Menschen gehören neben einigen anderen Lebewesen auf diesem Planeten - dazu zählen Wale, Delfine und auch Schimpansen - zu den wenigen „Arten", bei denen die Lebensdauer nicht (mehr) an die Reproduktionsfähigkeit gekoppelt ist.

Ursprünglich wurden wir Menschen nicht so alt wie heutzutage, wir verfügten in dieser Zeit auch noch nicht über das moderne und heute hoch entwickelte Gehirn. Auch unser Lebenssinn bestand ursprünglich im

Wesentlichen in der Erhaltung unserer Art als Bestandteil eines übergreifenden "Schöpfungsplanes".

Im Zuge unserer weiteren evolutionären Entwicklung, die - wie wir inzwischen wissen - weit über die ursprüngliche darwinistische Sicht hinausgeht, hat sich unser Gehirn also ganz wesentlich weiterentwickelt. Und zwar so, dass wir Menschen mit zunehmendem Bewusstsein über die grundlegenden Zusammenhänge der Lebensprozesse immer mehr auch selbst zum aktiven Schöpfer unserer Realität werden konnten und auch weiterhin in zunehmendem Maße können werden. Denken wir nur an all die Errungenschaften der Technik, Wissenschaften und auch der modernen Medizin, die uns heute Möglichkeiten eröffnen, die sich unsere Vorfahren noch gar nicht vorstellen konnten.

Ich selbst erinnere mich zum Beispiel noch sehr gut daran, dass meine Großmutter - Jahrgang 1914 - mit leuchtenden Augen immer wieder von ihrer ersten Begegnung mit einem Automobil berichtete. Für sie ein wahres Wunder. Legendär auch ihr Erschrecken, als mein Vater erstmals einen Diaprojektor mit in die Wohnung der Großeltern brachte und – ohne Projektionsleinwand – die Bilder einfach auf die weiße Tapete projezierte. Sie hatte Angst, die Bilder – seinerzeit für sie die ersten Farbaufnahmen – würden auf die Tapete abfärben.
Manch einer könnte versucht sein, dies als „dumm" oder „ungebildet" zu bewerten. Für mich ist es eher ein sehr lebendiges Beispiel für die unglaubliche Weiterentwicklung, die wir Menschen uns in den letzten rd. 200 Jahren in unserm Umfeld geschaffen haben. Was wir nur allzu oft aus unserem Bewusstsein verlieren, also vergessen.

Bedauerlich ist, dass die oben zitierten evolutions- und neurobiologischen Erkenntnisse bisher noch keinen erkennbaren Eingang in die Lehrpläne unserer Schulen und Universitäten gefunden zu haben scheinen.

Ich sehe darin ein Indiz für die sehr verbreitete, grundsätzliche Veränderungsresistenz von uns Menschen. Sollten auch Sie Veränderungen als besondere Herausforderung empfinden: Sie befinden sich also in zahlreicher und weitverbreiteter Gesellschaft!

Wenn wir uns nun bewusst-werden bzw. ~machen, dass nicht allein unsere Vergangenheit und unsere Lebensumstände unser Leben bestimmen, sondern wir selbst - ganz bewusst - entscheiden können, inwieweit wir diesen Einfluss gelten lassen wollen oder auch nicht, dann können wir selbst immer wieder und in jedem einzelnen Moment tatsächlich darüber entscheiden, wie sich unser Leben gestalten soll. Oder anders und etwas philosophischer ausgedrückt: wie sich das Leben als solches durch uns ausdrückt – im Innen wie im Außen.

Indem wir die nicht mehr dienlichen Teile unserer Vergangenheit erkennen und Schritt für Schritt loslassen, schaffen wir uns selbst Raum für Neues, das wir auch gern in unserem Leben haben möchten.

Mögliche Herausforderungen auf diesem Weg

Wenig hilfreich wäre es, wenn wir uns nun einfach „in die Zukunft retten" wollten. Etwa nach dem Motto „wenn ich erst XYZ habe, dann bin ich glücklich". Denn hierin würde sich nur wieder ein altes – Sie ahnen es schon – kindliches Gedankenmuster abbilden.

Die wesentlichen und unser eigenes Leben konstruktiv gestalteten Veränderungen erreichen wir nämlich stets von innen nach außen. Nicht umgekehrt.

Auch wenn es uns dies z.B. die Werbung und auch manche Interessengruppen immer gern suggerieren möchten. Wir dürfen jedoch davon ausgehen, dass ein solches Handeln nicht im Gemein- sondern ganz allein im Eigeninteresse der so Auftretenden liegt. Auch wenn es manches Mal in einem „Deckmantel" des Gemeinwohls daherkommt, inzwischen übrigens auch schon ein vielfach angewandtes „Marketinginstrument".

Doch wenn wir tatsächlich versuchen, Veränderungen von außen nach innen zu erreichen, dann bestätigen wir uns selbst und wiederholt immer wieder unsere (Co-) Abhängigkeit, die wir bereits in **Kapitel 7** betrachtet haben. Und handeln damit auch weiterhin vorrangig im Interesse anderer, oftmals ohne unsere eigenen Interessen angemessen zu vertreten. Und fühlen uns dann oft „im Stich gelassen" oder nicht ausreichend gesehen.

Wir sind dann noch immer in dem gefangen, was gern „die alte Matrix" genannt wird. Wir schlucken also ein ums andere Mal „die blaue Pille", d.h. entscheiden uns gegen unsere eigene Selbststeuerungsfähigkeit. Dies geschieht natürlich zumeist unbewusst, denn wir müssen uns ja zunächst einmal unserer eigenen Möglichkeiten bewusstwerden, bevor wir uns für sie entscheiden können.

Und ich gebe Ihnen recht, es ist für jeden Einzelnen von uns nicht möglich, die Folgen der vielfachen einseitigen Abhängigkeiten, die heute vor Allem das Wirtschaftsleben bestimmen, sich jedoch auch durch alle unsere Lebensbereiche ziehen, allein aus eigener Kraft zu verändern. Da alles in sich miteinander verwoben ist, wäre dies stets ein Kampf gegen Windmühlenflügel, der von niemandem zu gewinnen wäre.

Leben an sich geschieht jedoch immer „für" bzw. „mit" und niemals „gegen".

Tiere, die z.B. andere Tiere als Nahrung benötigen, nehmen niemals mehr, als sie wirklich zu ihrem Lebenserhalt benötigen. Noch dazu ernähren sie sich zumeist von bereits geschwächten Individuen und leisten damit auch einen Beitrag zur Gesunderhaltung des Kollektives.

Dies hat sich bei uns Menschen leider mithilfe unserer vielen technischen und sonstigen Errungenschaften ins Gegenteil verkehrt, so dass unser aller Alltag heute leider von sehr viel Konkurrenzdenken, und Gegeneinander und dem angeblichen „Recht des Stärkeren" geprägt wird. Als ob es auch unter uns Menschen gelte, sich „von Schwächeren zu ernähren". Die ethische und moralische Entwicklung unseres Kollektives hat insofern mit unseren technischen und sonstigen Errungenschaften leider nicht Schritt gehalten.

Und genau daher braucht es heute noch einmal mehr als in der Vergangenheit die Bereitschaft, das Erfordernis einer grundsätzlichen Gemeinwohlorientierung anzuerkennen. Als notwendige Motivation für jeden einzelnen Menschen, sich als das zu begreifen, was sie / er wirklich ist: Ein kleiner, jedoch wesentlicher Bestandteil eines größeren Ganzen. Mit vollständiger Verantwortung für das eigene Handeln und auch Nichthandeln.

Um dann aus dieser Erkenntnis heraus, wenn sie erst einmal verinnerlicht ist und auch gelebt werden kann, in sich selbst die notwendige Basis zu schaffen, den eigenen Anteil und die eigenen Talente zum Wohle des Ganzen in positiver und wohlwirkender Verbundenheit und im Einklang mit anderen - nicht durch Machtausübung - zur Umsetzung zu bringen. Und diese Ganzheit ist durch die Schöpfung als solche vorgegeben. Es ist unser Planet Erde, den wir alle mit allen anderen Lebewesen teilen.

Und dabei brauchen wir alle einander. Nämlich als „Spiegel", um auch das erkennen zu können, was wir allein nicht sehen können. Weil es in unserem sogenannten „blinden Fleck" liegt. Und uns so oftmals in zerstörerisches Verhalten - auch uns selbst gegenüber - führt, obgleich wir dies gar nicht möchten. Dies gilt im Übrigen nicht für uns einzelne Menschen, sondern auch für Paare, Gruppen und jedes andere „geschlossene" System, d.h., ohne ausreichenden offenen Austausch mit anderen Systemen. Durch eine - die jeweilige Andersartigkeit tolerierende – Begegnung an den (vielleicht bisherigen) Grenzen.

Aus dem Impuls, einen eigenen weitergehenden Beitrag als bisher zu leisten, damit dieser Austausch für immer mehr Menschen möglich wird, ist auch die Idee zu diesem Buch entstanden.

Und so möchte ich ihnen nun auch noch zwei Übungen anhand geben, mit denen Sie sich von mit „mentalem Ballast", wie ich es gern nenne, befreien können. Hierbei geht es um das Thema „Glaubenssätze", deren Funktion und Veränderbarkeit.

Glaubenssätze prägen unsere Wahrnehmung und einmal verankert finden diese immer wieder Bestätigung. Suchen Sie also immer nach dem Positiven und es wird Ihnen begegnen!

TIPP: Rituale, wie sie auch hier zur Anwendung kommen, sind an sich bei allen Übergängen im menschlichen Leben wichtig, um die jeweiligen Veränderungen auch zu verinnerlichen. Jedoch sind sie leider kaum noch Bestandteil unserer westlichen Kulturen.

Übung 11.1: Hinderliche Glaubenssätze identifizieren

In **Kapitel 2** hatten wir uns bereits mit dem Beobachten der eigenen Gedanken beschäftigt. Vielleicht haben Sie dies in der Zwischenzeit bereits auch des Öfteren genutzt.
Dies wird Ihnen bei dieser Übung dann zugutekommen, denn um hinderliche Glaubenssätze identifizieren zu können, ist es wichtig, sich des eigenen Denkens bewusst zu sein.

1. Fragen Sie sich nun, was Sie über die nachstehenden Themen denken:
   - ∞ das Leben an sich,
   - ∞ Ihre Identität, Ihren Beruf / Ihre aktuelle berufliche Situation,
   - ∞ Zeit,
   - ∞ Geld,
   - ∞ Beziehungen und Freundschaften,
   - ∞ Liebe und auch Sexualität,
   - ∞ Sie selbst und Ihre Fähigkeiten,
   - ∞ Ihre Chancen auf Veränderung,
   - ∞ was immer Ihnen selbst noch wichtig erscheint.
2. Fragen Sie sich bitte auch, warum diese Dinge so sind, wie Sie denken bzw. glauben und schreiben Sie Ihre spontanen Antworten auf. Bitte nicht „zurechtfeilen“, spontane Antworten sind hier am wertvollsten.
3. Nun fragen Sie sich, welche dieser Glaubensätze Sie gerne verändern möchten, weil diese Sie einschränken. Und welche helfen Ihnen, da sie Sie unterstützen?
4. Was möchten Sie davon auf keinen Fall mehr in Ihrem Leben haben? Notieren Sie auch Ihre Antworten hierzu. Mit dieser Frage richten Sie Ihren Fokus auf Situationen, die Sie eigentlich vermeiden möchten. Gleichwohl können solche Situationen recht häufig auftreten.
5. Um die dahinterstehenden Glaubenssätze verändern zu können, fragen Sie sich:
   - ∞ Wenn ich dies nicht will, was will ich stattdessen?
   - ∞ Was soll stattdessen sein, und warum?
   - ∞ Welche(s) meiner Bedürfnisse wäre(n) dann erfüllt?

Übung 11.2: Hinderliche Glaubensätze verändern

1. Notieren Sie sich einen hinderlichen bzw. negativen Glaubenssatz, z.B.:
   - ∞ Liebe muss ich mir verdienen,
   - ∞ schwierige Dinge bleiben immer an mir hängen oder
   - ∞ alles muss ich immer alleine machen.

2. Machen Sie sich nun bewusst, welche Folgen es hat, diesen hinderlichen Glaubenssatz beizubehalten:
   - ∞ Welche Folgen hat es, wenn ich diesen hinderlichen Glaubenssatz beibehalte?
   - ∞ Welchen Folgen hatte es in der Vergangenheit für mich, diesen Glaubenssatz zu haben?
   - ∞ Welchen Preis hatte es für mich?
   - ∞ Was kostet es mich jetzt in meiner Gegenwart?
   - ∞ Was wird es mich in Zukunft kosten, wenn ich diesen Glaubenssatz unverändert beibehalte?

3. Schreiben Sie einen unterstützenden Glaubenssatz aus demselben Kontext in positiver Formulierung auf, z.B.:
   - ∞ Ich liebe mich selbst so wie ich bin,
   - ∞ ich habe schon oft Hilfe bekommen und werde immer wieder Hilfe bekommen).

4. Achten Sie auf Ihr „Bauchgefühl":
   - ∞ Wollen Sie den alten Glaubenssatz wirklich durch den neuen Glaubenssatz ersetzen?
   - ∞ Fühlen Sie in sich hinein, ob der neue Glaubenssatz stimmig für Sie ist, oder ob sich etwas in Ihnen dagegen sträubt.

5. Falls Sie einen inneren Widerstand spüren:
   - ∞ Es hat manchmal Vorteile, einen alten Glaubenssatz (noch) beizubehalten, weil die Auswirkungen Vorteile für uns haben.
   - ∞ Fragen Sie sich dann, was das Gute für Sie daran ist, wenn Sie den hinderlichen Glaubenssatz beibehalten (z.B. dass andere Menschen sich mehr um Sie kümmern).
   - ∞ Wollen Sie Ihr Leben an dieser Stelle jetzt wirklich verändern?

6. Falls ja, d.h. falls sich der positive Glaubenssatz gut anfühlt, suchen Sie sich ein für Sie passendes Ritual aus, z.B.:
   - Schreiben Sie den alten hinderlichen Glaubenssatz auf einen separaten Zettel und verbrennen ihn an einem sicheren Ort. (*Anmerkung*: Dieses Ritual ist aus meiner Sicht besonders geeignet, da Feuer in alten Übergangsritualen unserer Ahnen eine entscheidende Rolle spielte und unser Stammhirn bis heute darauf reagiert).
   - Zerreißen oder zerknüllen Sie das beschriftete Papier einfach, falls sich dies für Sie besser anfühlt, oder
   - streichen Sie den Glaubenssatz einfach dick durch,
   - falten ein Schiffchen aus dem Zettel und schicken es auf dem nächsten Gewässer auf eine Abschiedsreise,
   - oder machen einfach, was Ihnen persönlich als kleines Ritual selbst in den Sinn kommt.

7. Nun lassen Sie ein Verankerungsritual für den neuen unterstützenden Glaubenssatz folgen, z.B.:
   - sprechen Sie den neuen Glaubenssatz mehrmals laut und bestimmt aus,
   - hängen Sie ihn an einer Stelle auf, wo Sie ihn gut und häufig sehen (z.B. am Badezimmerspiegel) oder
   - tragen Sie ihn bei sich, z.B. im Portmonee.

8. Suchen Sie ab jetzt nach möglichst vielen Bestätigungen dafür, dass der neue Glaubenssatz wahr ist, denn so wird er sich am besten und schnellsten wirkungsvoll verankern.

Kapitel 12 - Zeit ist relativ

Genieße deine Zeit, denn du lebst nur jetzt und heute.
Morgen kannst du gestern nicht nachholen
und später kommt früher als du denkst.
Albert Einstein

Wir alle kennen dies. Dauernd haben wir das Gefühl, die Zeit säße uns sprichwörtlich „im Nacken". Die Aufgaben und Termine, die vor uns liegen, spuken ständig in unserem Kopf herum und vermitteln uns das Gefühl, dass wir gar nicht alles bewältigen können, was da auf uns wartet.

Und so sind wir oft gar nicht mehr in der Lage, das, was wir gerade tun, auch wirklich und tatsächlich zu genießen. Manchmal bekommen wir sogar selbst gar nicht mehr bewusst mit, was wir gerade tun. Jeder der schon einmal einen Unfall erlebt hat, weiß vermutlich, was hiermit gemeint ist.

Und so wie Kinder gerne im Auto von der Rückbanksitzbank aus quengeln: „Wann sind wir denn endlich dahaaa?" sind wir selbst in unserem Alltag eigentlich auch nur noch unterwegs von A nach B.

Da mag zwar irgendwo in unserem Hinterkopf noch eine Stimme sein, die uns daran erinnert, dass eigentlich „der Weg das Ziel ist". Und doch setzen wir ständig alles daran, möglichst schnell „zum Ziel" zu gelangen.

Sogenannte Zielvereinbarungen in unserem beruflichen Umfeld tragen ihr Übriges dazu bei. Und wenn wir das „B" erreicht haben, dann sind viele von uns in Gedanken zumeist schon bei „C". Und manche Menschen werden sogar furchtbar nervös, wenn sie nicht stets schon eine nächste Aufgabe vor Augen haben.

Und so ist unser Alltag, zumeist auch schon der von recht kleinen Kindern, von morgens bis abends „durchgetaktet".

Wenn wir einmal auf solche „Stundenpläne" schauen, wird gleich offensichtlich, dass Raum für das „zur Ruhe kommen", den Übergang von einer Aktivität in die andere, also auch das Integrieren der jeweils gerade gemachten Erfahrungen, gar nicht mehr gegeben ist.

So orientieren wir uns Tag für Tag in äußeren Routinen und verlieren so das Gespür für uns selbst und unsere eigentlichen Bedürfnisse.

Auch Entspannung, eigentlich unsere gesamte sogenannte „Freizeit", unterliegt inzwischen oft klar definierten und gesellschaftlich vorgegebenen Strukturen.

Wir gehen zum Beipiel vom Yogakurs zu einem Vortrag über „Embodiment". Worüber wir uns dann auf dem anschließenden „Stehempfang" angeregt unterhalten, obwohl uns gar nicht klarwerden konnte, was „Embodiment" eigentlich bedeutet. Was uns jedoch nicht bewusst ist.

Und so geraten wir dann auf dem Heimweg von diesem Stehempfang vielleicht auch noch mit unserem Partner, mit dem wir uns dort getroffen haben, darüber in Streit, was es denn nun eigentlich zu bedeuten habe, dieses „Embodiment". Weil er oder sie einen Schwachpunkt in unserer Argumentation entdeckt hat. Unmöglich, denken wir, schließlich waren es doch wir, die diesen Vortrag gehört haben, und nicht er oder sie.

Dabei können wir es beide gar nicht „wissen", denn ein Vortrag kann uns bei solchen Zusammenhängen gar kein vollständiges Verständnis vermitteln. Etwas, was hier ganz wesentlich dafür wäre, fehlt. Nämlich die qualitative Erfahrung.

Und damit das Eigentliche, worum es bei dem Begriff „Embodiment" selbst geht: nämlich die Verinnerlichung, d.h. die Aufnahme einer Erfahrung in den Körper und seine lebensnotwendigen Abläufe. Erst, wenn wir hierfür Raum und Zeit hatten und diesen Raum auch ausgefüllt und die Zeit entsprechend genutzt haben, können wir wirklich auch „verkörpern". Nur dann haben wir also im ganzheitlichen Sinne erfasst, worum es eigentlich geht. Und sind nun auch selbst in der Lage, dies ins Leben zu tragen und anderen zu vermitteln.

Ansonsten bleiben wir im Abstrakten, unserer Gedankenwelt, stecken, sind allerdings der Meinung, nun wirklich alles zu wissen. Und verlieren oft viel Zeit damit, uns mit anderen darüber „auseinander zu setzen", wer denn nun „Recht hat".

Natürlich wissen inzwischen viele von uns, dass die „Inbesitznahme", also das „sich hineinbewegen" in neue Zusammenhänge, wesentliche Bestandteile für ein erfolgreiches Lernen sind.

Nun ja, wenn wir dies jedoch unseren Kindern, bei denen das Lernen ja eigentlich den Lebensmittelpunkt bildet, noch nicht einmal zugestehen, dann wird dies wohl einen Grund haben.

Ich sehe den Grund darin, dass wir selbst schlicht nicht gelernt haben, erfolgreich zu lernen. Und es so leider auch an unsere Kinder und Kindeskinder weitergeben, indem wir ihnen vorleben, was wir „gewöhnt" sind.

Wir haben nicht gelernt, die Zeit auch so zu nutzen, dass wir einfach nur „sind". Und einfach einmal Dinge geschehen lassen können, die unser Verstand nicht unbedingt nachvollziehen kann. Und dies nicht, weil wir „einfach keine Zeit haben uns zu kümmern". Sondern weil wir es schlicht genießen können, einfach mit einer Situation „in der Stille zu sitzen", im Vertrauen darauf, dass sich eine Lösung „zur rechten Zeit" auch zeigen wird.

Um dann hernach mit großem Erstaunen festzustellen, dass sich da tatsächlich etwas in unserem Inneren entwickelt hat, „wie von selbst". Ein Impuls, eine vielleicht sogar sehr tiefe Einsicht, die uns den Schlüssel zur Lösung eines „Problems" liefert, über das wir uns schon lange vergeblich „den Kopf zerbrochen" haben.

Wir können es dann selbst oft nicht wirklich (er-)fassen, dass so etwas tatsächlich möglich ist. Und doch: wir können anderen die Geschichte unserer Erfahrung erzählen, sie mit ihnen teilen. Und es wird immer jemanden geben, der solche Erfahrungen ebenfalls gemacht hat, sodass wir uns gegenseitig in unserer Erfahrung und Wahrnehmung bestätigen können. Menschen, die eine solche Erfahrung noch nicht nachvollziehen können, können wir vorleben, was sich dadurch positiv für uns erschlossen hat. Und ermöglichen ihnen damit sich dafür zu öffnen, unsere Erfahrungen nachzuerleben.

So, wie es Generationen von Müttern seit Urzeiten mit ihren Kindern getan haben.

Wie groß das Bedürfnis nach solchen Erfahrungen ist, zeigt sich aus meiner Sicht – neben einer Vielzahl von körperlichen und seelischen Erschöpfungssymptomen bei inzwischen sehr vielen Menschen – auch an der immer weiter steigenden Beliebtheit von Meditationskursen und auch – nicht einmal unbedingt kirchlich organisierten - Betkreisen. Beides übrigens interessanterweise überwiegend noch immer von Frauen besucht, doch auch hier scheint sich durchaus ein Wandel abzuzeichnen.

Hier erscheint allerdings Zeit auch wieder in besonders „messbarer Form“: nämlich in Geld. Und weil wir gelernt haben, dass „Zeit Geld ist“, sind wir auch stolz darauf, wenn wir es uns leisten können, unsere Meditations- oder Yogapraxis möglichst bei jemandem zu absolvieren, der „in“ ist. Auch solche Angebote können also natürlich aus reinem Statusdenken genutzt werden, doch das ist es gerade nicht, was ich mit meinen Ausführungen befördern möchte.

Aus meiner Sicht ist Statusdenken im Sinne einer wahrhaftigen und verkörperten Lebendigkeit, die dann eine tatsächliche (Lebens-)Erfüllung ermöglicht, einer der größten und unproduktivsten Zeitfresser überhaupt. Hervorgebracht durch unsere inzwischen überwiegend profitorientierten modernen Kulturen.

Und insofern erscheint es „höchste Zeit“, auch die Weisheit der alten - auch indigenen - Kulturen in unser aller Alltag zu (re-)integrieren. Kulturen, die ohne die Errungenschaften von und trotz Bedrohung durch uns „moderne Menschen“ noch immer existieren und das Lebens-Wesentliche bis heute im Blick behalten haben.

Nehmen auch wir uns selbst wieder den Raum und die Zeit für das, was WIR wirklich sind. Und im HIER und JETZT aus vollem, offenen Herzen leben möchten und können. Dies geht natürlich nicht von heute auf morgen, sondern ist ein stetiger, doch sehr lohnender Prozess.

Gönnen wir uns immer wieder die Erfahrung, wie schnell Zeit zu verfliegen scheint, wenn wir sie mit etwas verbringen, was unser Herz und unsere Seele erfreut und bringen wir so unseren überaktiven Geist auch immer wieder zur Ruhe.

Anstelle unsere Zeit mit Dingen zu vertun, die uns langweilen, ärgern oder in denen wir selbst gar keinen Sinn erkennen können. Oder die wir einfach „nur so aus Gewohnheit“ tun.

Und gestehen wir diesen Raum und diese Zeit vor allem auch unseren Lieben zu, für die Dinge, die ihnen am Herzen liegen und wichtig sind.

Seien wir dankbar, für jeden Moment, den wir dann so in echter Herzensverbindung - vielleicht sogar gemeinsam - verbringen und in dem wir immer wieder Neues, auch in uns selbst, entdecken können.

Leben wir – bei aller Planungsnotwendigkeit, die unser komplexes, modernes Leben uns abfordert – immer mal wieder schlicht aus dem Augenblick heraus.

Dann dürfen wir staunend erfahren, wieviel Erfüllung tatsächlich Raum in unserem DA-SEIN findet. Und wie relativ auch unser Zeitempfinden ist.

TIPP: Ein bewährtes Mittel, um ein gesundes Zeitempfinden entwickeln zu können, dass uns dann „wie von selbst“ ausreichende Ruhe- und Erholungszeiten einhalten lässt, ist, zu trainieren, morgens ohne Wecker zu erwachen. Denn solange wir dies nicht können, brauchen wir längere bzw. qualitativ bessere Ruhe- und Erholungszeiten. Und auch in diesem Punkt befinden Sie sich, wenn dies für Sie undenkbar erscheint, in zahlreicher Gesellschaft.

Übung 12: Zeitbewusstheit im Alltag

Als abschließende „Übung" möchte ich gern mit Ihnen eine ganz persönliche Erfahrung in Sachen Zeit teilen.

Vor langen Jahren, damals war ich noch in meinem ersten Berufsleben, der Finanzindustrie, tätig, empfand ich es eines Tages als recht unangenehm, ständig auf die Uhr schauen „zu müssen". Immer im Bestreben nur ja zu keinem Termin zu spät zu kommen oder ihn zu verpassen.
Handys und elektronische Kalender gab es seinerzeit noch nicht, unsere hilfreichen Geister, genannt „Assistenten", wurden auch immer mehr Aufgaben zugeteilt, so dass sie für die zeitliche Organisation anderer immer weniger Kapazität zur Verfügung hatten.

Und irgendwann, als ich eines Tages wieder einmal in der Mittagspause etwas erschöpft am Rheinufer saß und auf das Wasser schaute, kam mir der Gedanke, wieviel Zeit ich wohl hinzugewänne, wenn ich einfach keine Uhr mehr tragen würde. Denn dann könnte ich ja nicht mehr ständig auf diese Uhr schauen und hätte diese Zeit schon einmal „gespart".
Auf meinem Schreibtisch stand ja ohnehin eine und auch in den Konferenzräumen hing jeweils eine Uhr an der Wand.

Anfangs noch etwas unsicher, trug ich zunächst im Privatleben keine Uhr mehr und hatte sie im Beruf „nur zur Sicherheit" noch in der Jackettasche bei mir.

Ein für mich recht erheiterndes und auflockerndes „Spielchen", das mir nur allzu bewusstmachte, wieviel Zeit ich zuvor wirklich allein damit verbracht hatte, immer wieder auf die Uhr zu schauen, um die Zeit zu beobachten.

Und mir schien, dass mir dies schon fast zu einer etwas „zwanghaften" Gewohnheit geworden war. Ich tat es nämlich „ganz automatisch" immer dann, wenn ich mich ohnehin schon unter Zeitdruck fühlte.

Ich habe mir dann lieber angewöhnt, jedes Mal, wenn ich den Impuls verspürte, nach der Zeit zu schauen, erst einmal ganz tief Luft zu holen und in mich hinein zu spüren, was der eigentliche Grund meines

Unbehagens war. Und dies dann bewusst anzuschauen, sobald ich Gelegenheit dazu bekam.

Der Beginn meines Fables für „Post it's"...

Übertragen wir diese Geschichte nun auf **Ihren persönlichen Alltag**. Hierbei geht es mir nicht um klassisches „Zeitmanagement" im herkömmlichen Sinne. Dies wäre ja wieder nur „messen, zählen, wiegen".

Nein, mir geht es vielmehr um die verschiedenen Qualitäten von Zeit, die während Ihres Tages präsent sind und wie Sie persönlich diese empfinden.

Stellen Sie sich hierzu die nachstehenden Fragen und machen Sie sich hierzu auch ruhig Notizen. Vielleicht möchten Sie sich hierzu auch ein kleines „Tagebuch der Zeitbewusstheit" anlegen?

Denn es wäre gut, wenn Sie in Zukunft immer wieder Gelegenheiten finden würden, mit diesen Fragen in der Stille zu sitzen und auch zu beobachten, welche Veränderungen sich in ihrer Wahrnehmung und in Ihrem Bewusstsein entwickeln:

- Was sind Ihre persönlichen Zeitfresser?
- Warum empfinden Sie diese Tätigkeiten als Zeitfresser?
- Was für Gefühle sind während dieser Tätigkeiten in Ihnen präsent?
- Was für Gewohnheiten haben Sie im Alltag entwickelt, die Sie zwar Zeit kosten, die Ihnen jedoch keine wirkliche Entlastung und / oder Erfüllung verschaffen?
- Was könnten Sie anstelle dessen tun, das Ihnen Entlastung und / oder Erfüllung verschaffen würde (zeitlich / emotional / qualitativ / strukturell)?
- Was gilt es dabei zu beachten?
- Wie können Sie die sich zeigenden Impulse ins Leben bringen, also umsetzen?
- Bis wann möchten Sie eine zufriedenstellende Änderung erreicht haben (zeitlich / emotional / qualitativ / strukturell)?
- Wer kann Sie hierbei (wie) unterstützen?
- Mit wem möchten Sie Ihre neuen Erfahrungen teilen?

Kapitel 13 – Gib deiner Seele Raum

Sei selbst die Veränderung,
die du dir wünscht für diese Welt.
Mahatma Gandhi

Ich möchte mich von Ihnen mit einer Betrachtung der „Dreifaltigkeit" unseres Seins verabschieden, dem Zusammenhang von

Körper ∞ Geist ∞ Seele

Machen wir uns also immer wieder bewusst, dass wir vielmehr sind, als wir in unserem bisherigen Leben gelernt haben:

- ∞ Dass wir einen sehr wertvollen Körper haben, nicht jedoch dieser Körper sind.
- ∞ Dass wir einen Geist haben, der mit einem noch viel größeren Geist verbunden ist, wir jedoch nicht (nur) dieser Geist sind.
- ∞ Dass wir eine lebendige Seele haben, die in unserem Körper wohnt und ohne deren Lebendigkeit wir keine Erfüllung erfahren können.

Nutzen wir also alle unsere Gaben und Talente mehr und mehr, um all das ins Leben zu bringen, was uns ganz natürlich und – wenn wir gelernt haben wie – auch ohne Anstrengung zur Verfügung steht. Und lassen wir uns nicht mehr durch bestimmte Rollenmuster und ähnliches einschränken, mögen diese Muster nun in uns selbst und / oder im Außen in Erscheinung treten.

Sorgen wir selbst gut für uns, unseren Körper, unseren Geist und – so oft vergessen – auch unsere Seele.

Durch Selbstregulation unserer Gedanken, unserer Emotionen und auch der autonomen Prozesse unseres Nervensystems. So dass wir uns auch in unsicheren Zeiten und unter ungünstigen Umständen immer wieder mit uns SELBST und damit dem Leben in uns und an sich verbinden können. Und uns immer wieder in einer für uns, unser Umfeld und unseren gesamten Planeten Erde dienlichen Weise wandeln können.

Geben wir uns auch gegenseitig Gelegenheit, uns auf diesem Weg zu unterstützen. Denn nicht immer sind wirklich „Profis" hierzu erforderlich. Oft sind es einfach die kleinen und liebevollen Dinge im alltäglichen Umgang miteinander, die unser Leben leichter und schöner machen.

Muten wir uns selbst und einander jedoch auch nicht Zuviel zu, sondern nehmen wir auch unter Umständen erforderliche Hilfe vertrauensvoll in Anspruch.

Und trauen wir uns zu fragen, wenn wir etwas nicht verstehen. Beantworten wir die Fragen, die an uns gerichtet werden, ehrlich und mit einem offenen Herzen.

Seien wir dankbar für unser Leben und all das, was wir durch dieses Leben und auch miteinander erfahren dürfen.

Und seien wir dankbar für all das Gute, was noch auf uns zukommt. Auch, wenn wir es heute noch nicht zu erkennen vermögen.

Lernen wir wieder zu vertrauen und ermöglichen wir uns selbst das Staunen, wie es sonst oft nur noch Kinder vermögen.

Vertrauen zu können enthält eine Kraft, die so viel größer ist als wir selbst. So groß, dass wir sie uns mit unserem Geist noch nicht einmal vorzustellen vermögen. Diese Kraft existiert in Allem, was ist, in allem Leben. Diese Kraft hat unendlich viele Namen, und doch existiert sie abseits aller Namen und Konzepte. Und wir sind frei, sie zu nennen, wie immer wir es möchten. Manche nennen sie Gott, andere nennen sie das Universum. Wie möchten Sie sie nennen?

Und wann immer wir etwas oder jemanden spontan ablehnen, was durchaus menschlich ist - betrachten wir auch den jeweiligen „Gegenpol". Und das Spannungsfeld, den Raum des Lebens, dazwischen. Und erfahren wir dadurch dann, was noch in unser Leben integriert werden möchte. Um dadurch, Schritt für Schritt, immer mehr, wahrhaftige Erfüllung er-leben zu können.

Wann immer uns etwas begeistert - wenden wir uns auch hier dem jeweiligen Gegenpol zu und dem, was beides zum Ausgleich zu bringen vermag. Und dem „warum", dem gemeinsamen Rhythmus, dem Sinn vom Sein von beidem.

So können wir sicher sein, dass wir auch in einem Sturm der Begeisterung ebenso Wichtiges und scheinbar Gegensätzliches im Blick behalten und angemessen berücksichtigen.

Wenden wir uns also ganz bewusst vom „entweder-oder" dem „sowohl als auch" zu: lassen wir also auch unsere Seele mehr und mehr in unser Handeln einfließen und öffnen wir uns selbst den Zugang zu all dem, was uns bisher zu leben (noch) nicht möglich war.

So wandeln wir uns selbst zum wirklichen DA-SEIN. Dem in sich erfüllten Leben mit all seiner, unserer Lebendigkeit. Zu unserem eigenen Wohl und zum Wohle Aller.

Lassen wir das Leben in Liebe geschehen, indem wir verstehen und annehmen, dass jeder seine ganz eigene Betrachtung der Dinge hat und wir niemanden verändern können außer uns selbst. Indem wir den Blick nach innen richten und uns selbst ehrlich gegenübertreten. So machen wir uns frei, um uns selbst und auch andere, so, wie wir jeweils sind, liebevoll anzunehmen. Und um uns gegenseitig hilfreich unterstützen zu können – jede(r) im eigenen Tempo und innerhalb der für sie und ihn notwendigen Grenzen.

Füllen wir so innere Leere immer mehr mit dem Zurückholen verloren gegangener, eigener und lebendiger Anteile zu unserem GANZEN SELBST. Anstelle uns und unser Umfeld weiter mit viel Unnützem und vielleicht sogar Schädlichem anzufüllen.

Hierbei wünsche ich uns Allen einen guten Erfolg!

Verzeichnis der Übungen und

Hinweise zum Umgang

Hinweise zum Umgang mit den Übungen

Selbsthilfeübungen können niemals einen an sich notwendigen Gang zum Haus- oder Facharzt ersetzen. Wenn Sie also gesundheitliche Beschwerden haben, seien sie physischer oder psychischer Natur, tun Sie sich bitte selbst den Gefallen und schieben den notwendigen Gang zum zuständigen Behandler nicht auf.

Vielleicht lesen Sie in der Zwischenzeit, bis Sie Ihren Termin wahrnehmen können, schon einmal außer nur in diesem, auch in einem der Bücher, die ich zu verschiedenen Themen in der Literaturliste im Anhang aufgeführt habe. Sollten Sie jedoch feststellen, dass sich Ihre Beschwerden intensivieren oder auch neue dazu kommen, dann beenden Sie die Lektüre bitte umgehend. Denn dies kann ein Hinweis darauf sein, dass die von Ihnen aufgenommenen Informationen Ihr System zusätzlich belasten.

Stimmen Sie dann bitte erst mit dem für Sie zuständigen Arzt oder Heilpraktiker ab, ob Sie von den jeweiligen Selbsthilfeübungen profitieren können. Dazu können Sie ganz einfach das entsprechende Buch mit zu Ihrem Termin nehmen.

Jenseits von richtig und falsch liegt ein Ort.
Dort treffen wir uns.
Rumi

Literaturhinweise

Balke-Holzberger, Ulrike	Zittern Sie sich frei! Mit Faszien-Stress-Release Verspannungen, Ängste und Schmerzen auflösen Klett-Cotta, 2. Auflage 2018, ISBN 978-3-608-96262-8	Selbstheilung, Selbsthilfe, Vagusnerv
Braden, Gregg	Verlorene Geheimnisse des Betens: Die verborgene Kraft von Schönheit, Segen, Weisheit und Schmerz, EchnAton-Verlag, 12. Auflage 2017, ISBN 978-3-937883-20-5	Spiritualität
Braden, Gregg	Resilienz in Zeiten extremer Veränderung, Persönlichen und gesellschaftlichen Wandel aktiv gestalten, KOHA-Verlag GmbH, 2. Auflage 2014, ISBN 978-3-86728-262-3 *– z.Zt. vergriffen und nur über Kreislaufwirtschaft erhältlich -*	Resilienz Transformation Wandel
Bucay, Jorge	Der innere Kompass: Wege der Spiritualität, Fischer Taschenbuch 2015, ISBN 978-3-596-19695-1	Abhängigkeit Selbststeuerung Spiritualität
Bucay, Jorge	Selbstbestimmt leben, Wege zum Ich, Fischer 2016, ISBN 978-3-596-19794-1	Autonomie Identität Ressourcen
Dalai Lama	Empathie – Es fängt bei dir an und kann die Welt verändern, Herder, 1. Auflage 2017, ISBN 978-3-451-31155-0	Spiritualität
Dalai Lama	Ethik ist wichtiger als Religion, 16. Auflage 2016, Red Bull Media House GmbH, ISBN 978-3-7109-0000-6	Spiritualität
Dispenza, Dr. Joe	Ein neues Ich: Wie Sie Ihre gewohnte Persönlichkeit in vier Wochen wandeln können, Koha-Verlag 2012, ISBN 978-3867281966	Lebenshilfe Persönlichkeits-entwicklung Selbsthilfe

Dispenza, Dr. Joe	Werde übernatürlich: Wie gewöhnliche Menschen das Ungewöhnliche erreichen,Koha-Verlag 5. Auflage 2018, ISBN 978-3-86728-325-0	Geist Körper Spiritualität
Dyer, Wayne	Keine Ausreden! Wie wir destruktive Denkmuster ändern können, Goldmann Arkana 2010, ISBN 978-3-442-21905-6	Ratgeber Lebenshilfe
Dyer, Wayne	Werde der du wirklich bist, Die spirituelle Dimension des Wünschens, arkana 2012, ISBN 978-3-442-34119-1	Ratgeber Lebenshilfe
Habib, Navaz	Aktivieren Sie Ihren Vagusnerv, VAK Verlag 2019, ISBN 978-3-86731-226-4	Selbstheiling Selbsthilfe, Vagusnerv
Groth, Sabine	Die Heldinnen-Reise : Wege zu den weiblichen Kraftquellen. Mit Übungen, Impulsen und Anregungen, Kösel-Verlag, 1. Auflage 2018, ISBN 978-3466347216	Weiblichkeit
Kenyon, Tom & Sion, Judi	Das Manuskript der Magdalena, KOHA-Verlag, 11. Auflage 2017, ISBN 978-3-929512-96-0	Weiblichkeit
Kingston, Karen	Feng Shui gegen das Gerümpel des Alltags - Richtig ausmisten - Gerümpelfrei bleiben, rororo, 8. Auflage 2018, ISBN 978-3-499-62877-1	Lebenshilfe Wohlbefinden
Kornfield, Jack	Wahre Freiheit Der buddhistische Weg, in jedem Augenblick glücklich und geborgen zu sein, O.W. Barth Verlag 2018, ISBN 978-3-426-29282-2	Achtsamkeit und Selbstmitgefühl

Libermann, Jacob	Die heilende Kraft des Lichts: Der Einfluß des Lichts auf Psyche und Körper, Piper, 5. Auflage 2004 ISBN 3-492-22005-3	Körper und Geist
Lilge-Stodieck, Renate	Sein: Die Kunst des Annehmens, Macht-steuert-Wissen, 2018, ISBN 978-3-945780-43-5	Weltreligionen und interreligiöser Dialog
Lobe, Mia	Das kleine Ich bin ich (Kinderbuch), Jungbrunnen, 44. Auflage 2016, ISBN 978-3702648503	Selbstwertgefühl
Lipton, Bruce H.	Intelligente Zellen: Wie Erfahrungen unsere Gene steuern, KOHA-Verlag GmbH, Dorfen, 4. erweiterte Neuauflage 2018, ISBN 978-3-86728-307-6	Biochemie, Epigenetik
Lütz, Manfred	Lebenslust in unlustigen Zeiten, Pattloch Verlag GmbH & Co. KG 2010, ISBN 978-3-629-02260-8	Glück Erleben der Zeit
Martel, Jaques	Mein Körper: Barometer der Seele, Das psychosomatische Lexikon, das schon beim Lesen hilft, VAK Verlags GmbH, 15. Auflage 2018, ISBN 978-3-86731-097-0	Psychosomatik
Marx, Dr. Susanne	Klopfakupressur kompakt, Die besten Techniken auf einen Blick, VAK Verlags GmbH, 5. Auflage 2018, ISBN 978-3-86731-029-1	Selbstheilung Selbsthilfe
Neff, Kristin	Selbstmitgefühl: Wie wir uns mit unseren Schwächen versöhnen und uns selbst der beste Freund werden, Kailash Verlag, 6. Auflage 2012, ISBN 978-3-424-63055-8	Selbstliebe
Nelson, Dr. Bradley B.	Der Emotioncode – So werden Sie krankmachende Emotionen los, VAK Verlags GmbH, 8. Auflage 2018, ISBN 978-3-86731-076-5	Selbsthilfe Emotionen Kinesiologischer Muskeltest

Nidiaye, Safi	Aufwachen und Lachen, Der einfache Weg zur Freiheit von Ärger, Angst und Leid, Allegria, 2015, ISBN 978-3-548-74381-3	Lebenshilfe Meditation
Nidiaye, Safi	Gefühle sind zum Fühlen da, Das Handbuch vom positiven Umgang mit negativen Emotionen, Integral Verlag, 2. Auflage 2017, ISBN 978-3-7787-9278-0	Lebenshilfe, Emotionen
Nidiaye, Safi	Wieder fühlen lernen: wie wir uns selbst und die Welt heilen können, Wilhelm Heyne Verlag, TB 2014, ISBN 978-3-453-70253-0	Lebenshilfe, Fühlen
Röhr, Heinz-Peter	Erholung beginnt im Kopf, Buch und CD, Tiefenentspannung durch Alpha-Relaxing, Patmos, 5. Auflage 2014, ISBN 978-3-8436-0040-8	Entspannung Meditation
Rosenberg, Stanley	Der Selbstheilungsnerv – So bringt der Vagus-Nerv Psyche und Körper ins Gleichgewicht, VAK Verlag GmbH, 2018, ISBN 978-3-86731-211-0	Selbstheilung Selbsthilfe, Vagusnerv
Scharmer. Otto	Theorie U: Von der Zukunft her führen: Presencing als soziale Technik Carl-Auer Verlag GmbH; Auflage 4, 2014, ISBN 978-3-8967-0740-6	Leadership, Management
Schmale-Riedel, Almut	Weibliche Wut: Die versteckten Botschaften hinter Ärger und Co. erkennen und nutzen. Mit einem Extra-Kapitel für Männer, Kösel-Verlag , 1. Auflage 2018, ISBN 978-3-4663-4701-8	Weiblichkeit
Stahl, Stefanie	Das Kind in dir muss Heimat finden, Kailash Verlag, 24. Auflage 2015, ISBN 978-3-6411-6439-3	Inneres Kind, Selbststeuerung

Stahl, Stefanie	Das Kind in dir muss Heimat finden In drei Schritten zum starken Ich – das Arbeitsbuch, 10. Auflage 2017, ISBN 978-3-424-63143-2	Inneres Kind, Selbststeuerung
Tolle, Eckhart	Eine neue Erde: Bewusstseins-sprung anstelle von Selbstzer-störung, Arkana, 4. Auflage 2005, ISBN 978-3-442-34188-7	Bewusstsein, Spiritualität, Transformation
Tolle, Eckhart	Jetzt! Die Kraft der Gegenwart, Kamphausen Media GmbH; 11. Auflage 2018, ISBN 978-3-8990-1301-6	Spiritualität
Tolle, Eckhart	Leben im Jetzt: Das Praxisbuch, Goldmann 2014, 978-3-4422-2083-0	Spiritualität
Tolle, Eckhart	Stille spricht - Wahres Sein berühren, Arkana 6. Auflage 2003, ISBN 978-3-442-33705-7	Spiritualität
Walsch, Neale Donald	Die Essenz, Die 25 Botschaften aus den "Gesprächen mit Gott", Goldmann 2018, ISBN 978-3-442-22241-4	Spiritualität
Wise, Anna	Awakened Mind ® - Ein Hirnwellen –Trainingsprogramm, ViaNova Verlag; Auflage: 1 2017, ISBN 978-3-8661-6397-3	Bewusstsein Hirnwellen
Wolynn, Mark	Dieser Schmerz ist nicht meiner: Wie wir uns mit dem seelischen Erbe unserer Familie aussöhnen, Kösel-Verlag, 4. Auflage 2017, ISBN 978-3-466-34655-4	Selbsthilfe transgenerationale Traumata
Wu, Prof. TCM (Univ. Yunnan) und Lauer, Dr. Natalie	Praxisbuch Energiemedizin – Die Selbstheilungskräfte aktivieren mit Traditioneller Chinesischer Medizin, Ayurveda und Chakrentherapie, Gräfe und Unzer Verlag, 2. Auflage 2017, ISBN 978-3-8338-4322-8	Energiemedizin

Printed by Books on Demand GmbH, Norderstedt / Germany